비대면

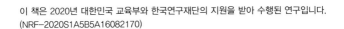
이 책은 2020년 대한민국 교육부와 한국연구재단의 지원을 받아 수행된 연구입니다.
(NRF-2020S1A5B5A16082170)

"현실과 가상의 얽힘"

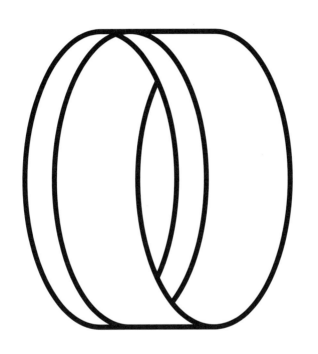

비대면

주기화 지음

은행나무

들어가며

코로나 팬데믹 이후 디지털 문명의 발전과 비대면 문회의 확신이 가속화되고 있나. 우리 시대는 이미 아날로그 세계에서 디지털 세계로, 대면 사회에서 비대면 사회로, 현실세계에서 가상세계로, 현실 경제에서 가상 경제로 옮아갔다. 우리는 지금 엄청난 변화의 기로, 역사의 변곡점에 서 있는지도 모른다. 거대하고 급격한 변화가 일어날 때면 새로운 것의 잠재성은 우리에게 공포와 불안을, 동시에 과거에 대한 향수를 불러일으킨다. 코로나 팬데믹 시대에 급격하게 확산된 비대면 문화의 양상과 변화한 역학 관계들은 매우 매혹적이면서도 공포스럽게 다가온다.

비대면이 전면화되어 탈신체화된 상호작용이 주가 될 때, 우리가 살아갈 세계가 어떤 종류의 것일지에 대한 논의는 제대로 다뤄지고 있지 않다. 이 책에서는 이 문제를 깊이 있게 다뤄보고자 한다. 가속화된 비대면 문화와 디지털 문명에 대한 현대인의 불안과 공포, 흥분과 낙관에 주목하여 디지털 비대면 기술을 통해 우리 시대와 우리 자신이 어떤 위기를 마주하게 될지, 또 어떻게 재발명될 수 있을지를 살펴보고자 한다.

비대면 문화의 확산이 가속화되면서 발생할 수 있는 위기를 알아보기 위해 다양한 SF 작품들을 살펴볼 것이고, 재발명의 가능성은 '피지털phygital'이라는 패러다임을 활용하여 탐구할 것이다. 코로나 팬데믹 이후 디지털 대면 contact(접촉)이 물질적(신체적) 대면과 똑같이 중요하거나 오히려 더 빈번하게 된 비대면uncontact 시대에, 변화된 대면 양식樣式 및 그 양식에서 생산된 현상들을 이해하고 설명하기 위해서는 새로운 패러다임이 필요하다. '피지털'은 '피지컬physical'과 '디지털digital'의 합성어로, 물질적인 것과 디지털적인 것, 현실과 가상의 얽힘과 내부작용intra-action으로 새롭게 부상하는 세계를 지칭한다. 이에 따라 변화한 대면 양식을 나는 물질적 대면physical contact과 디지털 대면digital contact을 결합한 '피지털 컨택트phygital contact'라고 부르고자 한다. 그리고 이것의 연장선에서 물질적 몸과 디지털(사이버) 몸의 얽힘과 내부작용으로 새롭게 출현하는 몸을 '피지털 몸', 피지털 컨택트에 의해 생겨난 특별한 친밀성을 '피지털 친밀성phygital intimacy'이라고 부르고자 한다. 또한 피지털 컨택트로 관계하고 피지털 몸을 만들어 생활하는 새로운 삶의 형태를 향유하는 인간을 '피지털 휴먼physital human'이라고 부른다. 디지털 신기술로 체현된 주체들인 피지털 휴먼은 디지털 게임이나 메타버스에 중독된 메타폐인으로 전락할 수도 있지만 인류세Anthropocene를 넘어서는 능력을 가지는 포스트휴먼으로 재창조될 수도 있을 것이다. 나는 우리가 이미 되어 버린 새로운 종류의 주체인 피지털 휴먼의 잠재성과 힘을, 우리가 마주한 기회와 위기를 탐색하고자 한다.

이러한 관점에서 현재를 지도화하고 건설적인 미래를 그리기 위해, 상반된 두 함정으로부터 거리를 두고자 한다. 하나는 디지털 세계를 물질적 현실로부터의 탈출 수단으로 여기는 테크노너드Techno-Nerd의 낙관론이며, 다른 하나는 새로운 것의 잠재성에 대한 공포와 불안, 아날로그 고전 세계의 쇠퇴에 애도와 향수를 표하는 비관론이다. 거대한 변화의 시대에는 늘 낙관론과 비관론이 공존했다. 순진한 기술애호증에 빠져서도 안 되겠지만, 기술공포증에 사로잡혀서도 안 될 것이다. 기술공포증은 신기술을 만드는 데 쏟은 인간의 에너지, 지능, 상상력이라는 엄청난 투자를 부정한다는 점에서 부적절하다*. 게다가 이것은 인간 진화에도 역행하는 것이다. 기술은 인간 진화를 도울 수 있고 우리 자신을 재창조할 창의적 기회를 제공할 수 있기 때문이다. 디지털 비대면 기술의 도전이라는 이 외줄타기

---

*   로지 브라이도티, 《변신: 되기의 유물론을 향해》, 김은주 옮김, 꿈꾼
     문고, 2020, 280쪽 참조.

에서 발을 헛디뎌 함정에 빠지지 않도록 무게중심을 잡아줄 긴 장대는 '변형과 변신의 가능성과 힘', '문학적 상상력', 새롭게 부상하고 있는 '신유물론', 그리고 '희망'이다.

①

비대면 시대

비대면과 팬데믹

2019년 말 코로나바이러스19의 발병과 2020년 3월 세계보건기구WHO의 팬데믹pandemic 선언 이후, 바이러스 감염을 막기 위해 인류는 각자의 공간에 격리되었다. 물리적 거리, 사회적 거리를 유지하는 것이 바이러스의 전염을 막을 최선이자 유일한 방역이었기 때문이다. 전 세계에서 학교와 직장이 문을 닫고, 거리에 사람들이 없어지고, 각 나라를 오가는 비행기와 배와 기차가 끊기고, 사람들이 각자의 방에 갇히는 초유의 사건을 경험하게 되었다. 세계가 일순 숨을 멈춘 듯한, SF영화에나 나올 법한 장면이 현실에 펼쳐졌다.

각자의 방에 격리되어 있어도 인간은 서로 연결되지 않고서는 살 수 없는 존재다. 생존하려면, 삶이 이어지려면 직접 대면(접촉)을 하지 않으면서도 어떻게든 연결되고 관계 맺을 방법을 찾아야 했다. 다행히 이미 인터넷 네트워크와 디지털 기술이 발전해 있어 사이버교육과 화상회의를 이용하고 있었다. 기술이란 전에 없다가 갑자기 생겨나는 것이 아니다. 사이버교육과 화상회의 시스템 개발 및 구축에 지난 수십 년 동안 엄청난 돈을 쏟아부으며 노력해왔지만, 정작 폭발적으로 활성화된 것은 코로나 팬데믹 이후다. 이용이 불편해서건, 몇몇 기득권자들의 방해 때문이건, 지지부진했던 원격대면 기술의 발전은 가속화되었다.* 직접 접촉하지 않은 채 연결되고 관계를 이어나가기 위해서, 친밀함을 유지하기 위해서 말이다. 직접 대면 없이 연결되는 이른바 비대면untact 사회, 즉 언택트 사회의 전면화가 시작된 것이다.

비대면이란 접촉을 뜻하는 '컨택트contact'에 부정의 의미를 더하는 접두사 '언un'이 붙어 사람과 직접적으로 연결되거나 접촉하지 않음을 의미한다.** 그러나 비대면 사회는 접촉하지 않는, 면대면하지 않는 고립된 사회를 의미하는 것이 아니라, 직접 접촉하지 않고도 온라인으로 대면하고 소통하는 사회를 뜻한다. 그래서 언택트 대신 영어 단어 'contact'와 'on'을 결합하여 '온택트ontact'라는 용어를 쓰기도 한다. 이러한 비대면 사회를 실현해주는 수단을 통틀어 비대면 기술이라고 부른다. 비대면 기술(주로 디지

---

*   코로나19 팬데믹 이전, 기술의 놀라운 발전에도 불구하고 대학 내 온라인 교육 전환이 더뎠던 것에는 기술적, 경제적, 문화적인 문제들이 실로 복잡하게 얽혀 있다. 여러 정황과 관련된 글들을 통해 유추할 수 있는 두 가지 이유가 있다. 첫째, 대학이라는 물리적 공간을 운영하는 대학 당국이 온라인 원격교육이 확대되면 자신의 존재 이유가 흔들리므로 온라인 수업의 필요성을 느끼지 못했을 뿐만 아니라 꺼려했다는 것이다. 둘째, 일부 원로 교수들이 기존 대면 수업을 온라인으로 재설계하기 위해 수업 내용과 방식을 대폭 바꾸는 것에 대한 기술적·심리적 부담이 커서 기존의 대면 수업 방식을 고수하면서 온라인 수업에 심한 반감을 가졌던 것이다.

**   김용섭, 《언컨택트: 더 많은 연결을 위한 새로운 시대 진화 코드》, 퍼블리온, 2020, 6쪽 참조.

털 기술)은 팬데믹 시대에 우리의 안전을 지켜주는 생존 기술이자, 인류세에 방에 앉아 온라인으로 소통하면서 지구를 지키는 기술이기도 하다.

전염병으로 생존이 위협받는 팬데믹 시대에 안전한 연결과 소통, 즉 친밀성을 북돋을 비대면 연결과 소통은 더욱 절실해졌다. 팬데믹 이전before corona 시대에는 현실 세계의 보조적인 위치에 머물렀던 디지털 세계의 역할은 한동안 역전되었으며, 현재after corona에도 현실세계의 상당 부분을 대체하는 거주지로 부각되고 있다. 디지털 세계에서 만나 공부하고, 가르치고, 일하고, 놀고, 쇼핑하고, 회의하는 비대면 사회의 생활 양식이 당연시되고 있다. 대면 중심이었던 연결과 소통의 개념과 방식 역시 비대면을 중심으로 변화하기 시작했다. 경제, 산업, 비즈니스, 종교, 교육, 의료 등 거의 모든 분야에서 비대면이 중대한 요소로 인식되고 있다.

어떤 이들은 아직 비대면 사회가 전면화된 것은 아니라고, 과장된 표현이라고 반론할 수도 있겠다. 지긋지긋한 자가격리를 견뎌내면서, 대면 접촉을 절실히 바라거나 그 필요성을 체감하기도 했기 때문이다. 이들은 비대면은 여전히 대면을 보조하는 작은 역할을 담당할 것이라고 예상한다. 익숙한 대면에 대한 향수와 집착은 이해하지만, 현실은 그와 다르게 흘러가는 듯하다.

현실세계는 디지털 세계로, 사이버공간cyberspace으로 많은 것을 이동시키고 있다. 코로나에 대한 경각심이 높아졌던 시기에는 현실세계에 사람들이 사라졌었다. 쇼핑몰, 놀이동산, 학교, 직장을 꽉 채우던 사람들이 온라인으로 공부하고 일하고 여가를 즐겼다. 이미 식당, 가게, 영화관에서는 사람을 대신해 키오스크와 로봇이 서비스를 제공한다. 물리적으로 만져지던 종이돈과 동전도 사라지고 있다. 신용카드, 혹은 이마저도 필요 없는 디지털 결제 수단이 점점 보편화되고 있다. 각 나라의 중앙은행에서 발행하며 전 세계 25억 명이 사용할 수 있다는 '중앙은행 디지털화폐CBDC' 도입이 논의되고 있으며, 탈중앙화된 블록체인상에서 제3자의 개입 없이 거래되는 비트코인 등의 암호화폐가 이미 널리 쓰이고 있다. 인간관계, 서비스, 화폐, 학교, 직장을 포함한 물질적인 것들이 현실세계에서 디지털 세계로 이동하고 있다. 일상생활에 필요한 것들 대부분은 이미 디지털화되었다. 사이버공간에는 가상의 학교, 직장, 놀이동산이 건설되고 있다.

인종, 계급, 성, 육체마저도 훌훌 벗어버릴 수 있을 것 같은 사이버공간은 유토피아나 천국에 비유되기도 한다. 그런데 디지털 세계의 사람들은 진짜 사람들인가, 가짜 사람들인가? 물리적으로 현존하는 사람들이 아니니 가짜처럼 여겨진다. 오랜 아랍 격언에 '사람들이 없는 천국은 지옥이니 들어가지 말라'고 했는데, 진짜 사람들이 없는 디지털 세상이 천국이라고 사람들이 몰려들고 있다. 혼란스럽고 불안한 시절이다. 진짜와 가짜, 천국과 지옥, 현실과 가상, 육체와 정신을 가르던 선명한 경계가 사라지는 시대, 선인들의 격언과 규범이 더는 참조점이 될 수 없는 시대는 '뉴노멀New Normal'이 시급한 시대다. 뉴노멀이란 시대 변화에 따라 새롭게 부상하는 기준이나 표준, 곧 새로운 정상성의 기준을 의미한다.

팬데믹은 앞으로도 반복될 것이다. 1918년의 스페인 독감을 시작으로 2000년 이후 인수공통전염병은 지속적으로 출현했다. 사스(2003), 조류독감(2005), 돼지독감(2009), 메르스(2012), 에볼라(2014), 지카바이러스(2015), 그리고 코로나바이러스19(2019)까지. 의학이 발전하고 전염병 대응 경험이 축적되었음에도 인수공통전염병은 세계적으로 막대한 피해를 입히고 있다. 또한 전문가들은 코로나 이후의 제2, 제3의 팬데믹도 예측하고 있다. 엔데믹endemic이 다가오는 위드 코로나with corona 시대에도 감염 위험은 편재하기에 접촉을 최대한 피하려는 사람들은 여전히 많을 것이다. 비대면은 뉴노멀의 일부가 되고, 대면을 중심으로 한 전통적인 생활 방식으로부터 큰 변화가 있을 것이다. 이러한 시대적 변화와 요청에 따라 개인의 공간에서 이루어는 재택근무와 화상회의는 꾸준히 증가할 것이고, 비대면 온라인 수업도 확대될 것이다. 연애나 사랑의 형태 역시 직접적인 접촉이 줄어드는 방식으로 변하고, 어쩌면 인공지능 기반의 챗봇이나 로봇과 그러한 관계를 맺게 될지도 모른다. 비대면 기술과 디지털 기술은 전례 없는 속도와 규모로 확장 중이고, 팬데믹 시대의 등에 올라타 언택트·비대면 사회를 앞당겨 활짝 열고 있다.

코로나 팬네믹 선언 후 2년 넘게 흐른 지금, 우리는 비대면 문화에 적응했다. 인간이 습관을 만드는 데는 3개월이 걸린다고 하는데, 이제 마스크를 착용하지 않은 맨얼굴이 낯설게 느껴지며, 대면 접촉만큼이나 비대면 접촉이 익숙해졌다. 대면 접촉 없이 매일 온라인으로 함께 일하고 소통하는 것을 자연스럽게 받아들이는 문화도 생겨났다. 비대면 문화에 적응한 인류는 코로나 이전의 전면적인 대면 사회로는 돌아갈 수 없을 것이다. 대면에서 비대면으로의 삶형태 전환은 인간이 적응하는 동물이자 '변화'하는 동물임을 새삼 느끼게 한다. 전면적인 변화를 이토록 단기간에 해냈다는 것은 신자유주의의 망령에 붙들려 변화 가능성을 포기했던 것처럼 보였던 사람들에게 시사하는 바가 크다. 미국의 마르크스주의 철학자 프레드릭 제임슨Fredric Jameson이 비꼬듯이 21세기 사람들에게 '자본주의의 종말은 세계의 종말보다 더 상상하기 어려운 일'이다.

얼떨결에 모두가 비대면 사회로 빨려 들어가고 있지

만, 희비가 엇갈린다. 사회적 관계의 방식이 디지털로 매개되면서, 더 편하고 효율적이어서 좋다는 낙관과 희망의 탄성들이 들리는가 하면 직접 접촉을 못하니 친밀감이 떨어져서 삭막해지고 외롭다는 비관과 더불어 탈신체적 인식과 사고로 심각한 사회 문제가 유발될 것이라고 전망하는 절망의 한숨이 교차하고 있다.

먼저 비대면 사회를 반기는 사람들은 다음과 같이 이야기한다. 재택근무로 출퇴근 시간을 절약하고 상사와의 불편한 회식이 없어졌다. 온라인 수업의 시행으로 시간과 장소에 구애받지 않고 언제 어디서든 반복해서 수업을 들을 수 있게 되었다. 눈도장 찍던 결혼식이나 장례식도 안 가도 되니 여유 시간이 많이 생겼고, 나만을 위한 시간으로 활용할 수 있다. 언택트 사회라고 모두와 관계를 끊고 사는 것도 아니다. 오히려 과잉대면을 걷어내는 절호의 기회라는 것이다. 우리는 굳이 만날 필요 없는 사람과 너무 많은 시간을 보냈었다. 언택트 사회는 정말로 꼭 만나야 하는 사람, 소중한 사람과 더 많은 시간을 보내는 보다 친밀한 세상이다. 자신에게 의미가 있는 사람과의 친밀성은 더 강해질 것이며, 인간관계는 전보다 깊어지고 충만해질 것이다. 우리에게 큰 감동과 살아갈 힘을 주는 작고 소중한 만남들만 살아남을 것이다.

절망적인 한숨을 내쉬는 이들은 사회적 거리두기로

각자의 방에 격리되자, 너무 답답하고 외롭고 불안한데 이를 해소할 길이 없다고 한탄한다. 감촉이나 향기와 같은 일상적 감각의 결여와 차단이 고통스럽다.[*] 감각 능력이 둔화되면 타인에 대한 이해와 공감empathy 능력이 떨어진다. 새로운 디지털 감각 기술이 발전했다지만 얼굴에 직접 바람을 느끼고, 포옹으로 따뜻한 온기를 얻고, 그리운 사람의 체취를 맡고 싶은 욕망을 상쇄할 수는 없을 것이다. 기술의 발전에도 불구하고 여전히 비대면 접촉보다는 한 공간에서 몸을 접촉하며 함께하는 것이 감각과 사고를 자극하고 신뢰와 유대감을 쌓는 데 훨씬 효과적이다. 몸이 멀어지니 마음도 멀어지더라. '코로나 블루corona blue'라는 신조어는 이를 잘 보여준다.

세계화 시대에 우리는 지구 곳곳을 자유롭게 돌아다녔다. 몸을 가지고 걷고 느끼고 보고 만나고 경험하는 것이 얼마나 즐거웠는가? 서양 철학에서 몸은 영혼의 감옥이었지만 지난 20~30년 동안 몸은 세계 곳곳을 돌아다니며 오히려 영혼을 자유롭게 해주었다. 그러나 팬데믹 이후

---

[*]   브이로그, ASMR, 먹방이 근래 급부상하여 인기 있는 동영상 콘텐츠로 자리 잡았는데, 이러한 현상을 방에 갇혀 감각이 차단된 사람들이 타인의 일상을 엿보고 부족한 감각적 자극을 충족하려는 욕구와 연관 지어 분석하기도 한다. (강미정·조창환,「욕구 충족 영상 콘텐츠(브이로그 / ASMR / 먹방) 이용 동기, 수용자 특성, 시청 만족도에 관한 연구」,《한국콘텐츠학회논문지》, v.20 no.1, 2020 참조.)

인간의 몸은 집 안에 다시 갇혔다. 우리의 뇌는 전 세계와 연결되지만, 몸은 갇힌 꼴이 되었다. 그렇게 몸은 다시 거추장스러운 것이 되어버렸다. 방 안에서만 지내니 쓸데없이 비대해지고 관리가 필요한 짐덩어리 같다. 몸이 건강하지 않으면 정신도 진창에서 허우적댄다는 점에서, 비대면 디지털의 세계에 갇혀 몸을 점점 더 무시하고 돌보지 않게 되는 탈신체적 사유는 문제적이다. '나'는 몸 그 자체이기 때문이다. 철학자 모리스 메를로퐁티Maurice Merleau-Ponty는 《지각의 현상학》에서 "나는 나의 몸이다"라고 단언한다. 몸이 정신의 지배를 받는 대상이나 나를 구성하는 부분이 아니라, 곧 나 자신이라는 의미다. 오히려 정신이 몸의 일부라고 할 수 있다. 비대면 사회일지라도 몸은 여전히 중요하다. 작금의 디지털 기술들이 완벽한 가상 현실을 구현하기 위해 시각은 물론 청각, 후각, 촉각을 포함하는 몸 친화적인 다중 감각적 디지털 미디어 개발에 박차를 가하는 것을 보라. 아날로그 문명이든 디지털 문명이든 인간 문명의 근원은 몸이다.

뇌과학자 김대식은 이토록 중요한 몸, 특히 뇌가 디지털 사회가 가속화되자 바뀌었다고 말한다. 그는 출생 후 10년 동안이 뇌 발달에 결정적인 영향을 미친다면서, 1995년 이후 출생한 Z세대는 인간관계를 맺기 전에 인터넷, 디지털, 아바타와 먼저 관계를 맺은 디지털 네이티브

digital native로서 인터넷과 디지털 현실에 최적화된 뇌를 가졌다고 말한다. 그리고 뇌가 달라진 이러한 새로운 인류를 이전 세대들인 호모 사피엔스와는 아주 다른 종류의 인간, '포스트휴먼'이라고 부른다. 뇌가 어떻게 달라졌다는 것일까? 철학자 미셸 세르Michel Serres는 인지과학을 통해 이를 설명한다. 그는 뇌와 몸이 달라진 이 새로운 종류의 인간을 '엄지세대thumbelina'라고 부른다.* 엄지세대란 두 개의 엄지손가락만을 사용하여 엄청나게 빠른 속도로 문자 메시지를 주고 받는 광경에 감탄한 세르가 Z세대에게 붙인 이름이다. 그는 가상세계에 사는 이 신인류가 웹상에서 서핑할 때, 엄지손가락을 사용하여 문자메시지를 주고 받을 때, 위키피디아나 페이스북을 훑어볼 때 자극받는 뉴런과 뇌의 부위가, 책, 칠판, 공책 등을 사용할 때 자극받는 뉴런과 뇌의 부위와 매우 다르다고 주장하면서, 이들의 머리는 우리와 다르다고 단언한다.** 다른 머리를 가진 이들은 이전 세대들과는 다른 방식으로 세상을 인식한다. 글도 다른 방식으로 쓰고, 구사하는 언어도 다르다. 디지털 시대 신인류의 뇌, 몸, 인식, 언어, 행동은 더 이상 호모 사

---

*   Serres, Michel., 《Thumbelina: the culture and technology of millennials》, translated by Daniel W. Smith, Rowman&Littlefield International, 2015, 7p.

**   Serres, Michel, Ibid.

피엔스와 같지 않다. 반면 역사학자 브루스 매즐리시Bruce Mazlish는 인간의 진화는 물질적이기보다 문화적이며, '물질적 존재'는 3만 년 동안 거의 변화하지 않았지만 문화는 엄청나게 변화했다고 말한다.* 이 말은 코로나 팬데믹 이후에는 타당하지 않을 것 같다. 위에서 살펴본 것처럼 인간의 물질적 몸, 특히 뇌가 바뀌었기 때문이다. 뇌뿐만 아니라 컴퓨터 앞에서 한 자세로 오랜 시간 지내니 거북목증후군·척추측만증·손목터널증후군 등 근골격계와 신경계도 변화를 겪고 있는 듯하다. 스마트폰, 컴퓨터, VR기기 등 디지털 전자기기를 아우르는 디지털 현실에 최적화된(혹은 그로 인해 변용된) 몸과 뇌를 갖게 된 새로운 인류의 등장이라고 할 수 있다.**

과잉 대면과 콜포비아

코로나 팬데믹은 사람들이 자신만의 공간에서 홀로 지내게 만들었다. 자신만의 시간이 생기다니! 바쁜 현대인의 소원이 실현된 것 아닌가. 처음에는 갑작스럽게 주어

---

*   브루스 매즐리시, 《네번째 불연속-인간과 기계의 공진화》, 김희봉 옮김, 사이언스북스, 2001, 335쪽 참조.

**   「같은 세상을 보지 못해도, 우리는 같이 살아갈 수 있을까?」-〈SDF 다이어리〉 2022년 3월 30일 게재.

진 시간이 부담스러웠지만, 매우 좋다는 것을 점차 깨닫게 되었다. 혼자서도 잘 먹고 잘 놀고 잘 지내는 사람들을 보면서, 누군가는 문득 이런 의문이 들었을 것이다. '인간은 정말 사회적 동물일까? 인간이 사회적 동물이라는 생각은 주입된 이데올로기가 아닐까?'

인간이 사회적 동물이라고 의심 없이 믿었던 우리는, 그동안 좋은 사회적 관계를 맺기 위해 강박적으로 노력해왔다. 사회적 관계가 많고 다양할수록 성공한 인간, 뒤처지지 않은 인간으로 여겼다. 사회적 성취는 사회적 관계의 폭과 비례하는 듯했다. 성공한 사람들일수록 다양하고 폭넓은 사회적 관계를 맺지 않는가? 성공의 첫번째 덕목은 뛰어난 사회성이라고, 우리 사회는 적극적인 사회성을 옹호하고 찬양해왔다. 어떻게든 사회적 연결을 확장하려고 강박적으로 혈연, 지연, 학연 등을 찾았고, 그것에 너무도 익숙해진 나머지 인간은 사회적 동물임을 의심하지 않았다. 특히 기득권을 쥔 남성들은 성공을 위해 서로를 끌어주고 서로에게만 중요한 정보를 공유하는 여러 사회적 관계를 맺기 위해 강박적으로 소셜 그루밍social grooming에 몰두하지 않았는가. 어쩌다 혼자인 순간에조차 '혼자 지내는 건 이상한 게 아닐까? 혹시 내가 왕따인 건 아닐까?' 하고 의심했다. 관계를 멀리하고 홀로 자신의 내면으로 침잠하면서 독자적으로 행동하는 사람은 정상적이지 않다고, 사회성이 떨어진다고 폄하당했다. 이러한 사람들은 오타쿠, 방콕족, 히키코모리 등의 멸시 어린 호칭을 얻기도 했다.

그러나 물리적 거리와 사회적 거리를 두기 위해 직접 대면이 극도로 적어졌음에도 대다수의 업무는 원활하게 처리되었고 오히려 효율적이기까지 했다. 혼자만의 시간이 많아져 각자 자신의 내면을 돌아볼 수 있게 되었다. 그 시간에 개인적인 공부와 취미 생활에 몰두하거나 자신의 취향을 탐색할 수 있게 된 것이다. 온라인 세상에 펼쳐진 방대한 정보를 자유롭게 탐색하고 비대면으로도 가능한 여러 여가를 탐닉하면서 새로운 자신의 모습을 발견했다는 사람도 많다.

과잉대면과 과잉된 소셜 그루밍의 폐단은 거리두기 완화와 식당 영업시간 제한 폐지 등 본격적인 '단계적 일상회복(위드 코로나)'의 시행으로 대면을 걱정하는 사람들의 토로 속에 잘 드러난다. 상사의 눈치도 덜 보고 퇴근 후 시간을 이전보다 자유롭게 쓸 수 있는 비대면 재택근무에 적응된 사람들은 위드 코로나와 함께 직장 상사로부터 '등산 갑시다', '1박 2일 워크숍 어때', '밀린 회식하자' 같은 말이 나오자 걱정이 태산이라고 한다.* 이는 뉴노멀, 즉 새

---

*   기사 「"쌓인 회식비 써야지" 상사 한마디에 재택 도중 곳곳서 '후유~'」-〈한겨레〉 2021년 11월 1일 게재 참조.

로운 사회적 기준을 따라가지 못하는 사람들이 생겨나는 문화 지체 현상으로 볼 수 있다.

강제로 혼자 있게 되었지만 지내다 보니 장점이 많다. 인간관계를 맺는 것은 얼마나 힘든 일인가? 사람을 만나느라 피곤했던 경험은 누구에게나 있을 것이다. 인간관계에서 오는 오해, 질투, 의심, 분쟁 등으로 시달려서 사람들과 말도 섞고 싶지 않을 때도 있었을 것이다. 강박적으로 사회적 연결을 추구하느라 정작 나의 고유성을 돌아보거나 내면의 목소리를 들어볼 시간은 없지 않았는가. 새로운 세대는 가족이나 친척과 친밀한 관계를 맺거나 친구를 여럿 사귀어야 하는지 의심하고 거부하는 사람들도 많다. 맥락은 조금 다르지만, 결혼·연애·출산·섹스를 거부하는 '4B(비혼-비연애-비출산-비섹스) 운동'은 남성지배적 가부장사회가 강요하는 과잉 대면과 과잉된 소셜 그루밍을 거부하는 움직임의 하나로도 볼 수 있다.

사회적·물리적 거리두기는 우리가 사회적 관계를 만들어야 한다는 강박으로부터 한 걸음 물러날 수 있게 해주었다. 인간은 혼자서도 잘 지낼 수 있는 존재임에도 '되도록 잡음 없이 살자. 사회적 관계가 원만하지 않으면 어딘가 문제가 있다는 것이니까'라는 담론을 세뇌당해온 것일 수도 있음을 깨닫게 해주었다. 혼자 사색과 고독을 즐기는 현상은 개인을 집단에 종속시켜 획일적인 존재로 관리하고 단속하고 싶은 사람들에게는 좋지 않은 일이다. 혼자 생각하고 행동하면 자신만의 독특한 지향과 주장을 갖게 되어 개성은 강해지고 사회적 다양성이 높아지고 획일성은 낮아져 사회적 의견 일치가 어려워지기 때문이다. 효율적이고 기능적인 사회를 원하는 사람들에게 자신만의 취향과 생각을 지닌 사람들은 피곤하다. 사회가 기능적으로 원활하고 효율적으로 작동하려면 획일성·집단성·동조성·합일성이 필요하기 때문이다. 빨리빨리 일하고 물건을 대량 생산하기 위한, 그 일사분란한 효율성을 위해서 말이다. 근대의 강령은 획일적이고 기능적이고 남성적이다. 그래서 '인간은 사회적 동물이다'라는 이데올로기를 만들어 우리에게 주입했던 것은 아닐까? 비대면이 가속화된 사회에서 혼자서도 잘 놀고 잘 지내는 사람들을 보면서, 우리는 '인간이 사회적 동물이다'라는 말이 그저 이데올로기가 아닌지 의심해보게 된다.

　　그런데 한편으로는 인간은 사회적 연결을 완전히 차단한 채 살 수는 없는 존재라는 생각이 들기도 한다. 다양한 가상공간 속 소셜 플랫폼의 등장과 인기는 인간이 사회적 동물이며 연결 본능을 가지고 있음을 시사한다. 장대익은 저서 《울트라 소셜: 사피엔스에 새겨진 초사회성의 비밀》에서 인간은 사회적 동물이며 더 나아가 초사회적이라고 주장한다. 집단생활을 해야 살아갈 수 있게 적응된 인간에게 외톨이가 된다는 것은 곧 죽음을 의미한다는 것이다.

옥스퍼드대학의 진화심리학자인 로빈 던바Robin Dunbar의 《던바의 수》에 따르면 한 사람이 개인적으로 알고 지내면서 믿는, 감정적인 호감을 느끼는 (또는 상호관계를 안정적으로 유지할 수 있는) 사람의 수는 최대 150명이며, 이를 '던바의 수Dunbar's number'라고 한다.* 인간을 포함한 동물들은 생존의 문제와 자원의 문제를 해결하기 위해 모여서 사회를 이루었고 이 사회의 크기는 정서적 지원을 위한 스킨십(소셜 그루밍)이 가능한 수여야 하는데, 침팬지의 경우 그 숫자는 100~150이다. 침팬지와 달리 인류는 스킨십을 넘어 언어를 통한 소셜 그루밍을 발달시켜 그 숫자를 늘렸고, 이제 소셜미디어를 통해 인지적(상대의 이름이나 정보를 기억하는), 시간적(시간을 들여 관리하는) 한계를 넘어 그 숫자를 크게 늘릴 수 있었다.

장대익의 논리를 더 따라가 보자. 사람들은 페이스북의 게시글에 '좋아요'나 댓글이 달리지 않으면 실망한다. 심지어 그 글이 마음에 들더라도 남의 의견이 없으면 실망한다. 동료에게 '털 고르기'를 받지 못한 것과 같다. 사회적 도움을 받고자 하는 사회적 욕구, 사회적 지능, 사회적 학습은 인간의 삶에 있어 가장 중요한 측면이다. 다른 개체

---

*   로빈 던바, 《던바의 수》, 김정희 옮김, 아르테, 2018 참조.

의 마음을 읽고 대규모의 협력을 이끌어내는, 다른 개체로부터 끊임없이 배우는 인간의 독특한 사회적 능력이 인간 문명을 만들었다. 즉 인간 문명은 사회성의 산물이다. 인간의 이런 사회성을 장대익은 초사회성, '울트라 소셜리티 ultra-sociality'라고 부른다. 그는 자신의 주장을 뒷받침하기 위해 '사회적 뇌' 이론을 가져온다. 이 이론에서는 인간의 뇌가 자연환경에서의 생존 문제보다는 집단에서의 사회 문제를 해결하기 위해 커졌다고 본다. 인간은 집단의 규모가 커지면서 털 고르기만으로는 사회적 유대를 유지할 수 없게 되었고, 언어와 마음 읽기 능력을 발달시켜 사회문제를 해결해왔다는 것이다. 이처럼 인간의 뇌가 커진 것은 규모가 큰 집단에서 효과적으로 생활을 영위하고 사회문제를 해결하기 위함이었다.[*]

장대익에 따르면 초사회성은 인류를 지구의 정복자로 만들어주었지만, 몇 가지 문제점을 지닌다. 첫째, 그 진화 과정에서 동물, 여성, 유색인 등을 배제하는 성향이 배태되었다. 초사회성은 '우리'와 '남들'을 구별하고 '우리'를 더 선호하는 인간의 보편적 특성에 기반한다. 자신이 속한 집단이 상대 집단보다 우월하고 보상도 더 많이 받아야 한다고 생각하는 내집단 선호와 편애는, 외집단에 대한 폄

---

[*]   장대익, 《울트라 소셜》, 휴머니스트, 2017 참조.

훼와 편견 또한 증가시킨다. 그리고 그 폄훼와 편견을 자양분 삼아 내집단 선호가 강화되는 경향이 있다. 외집단에 대한 차별, 혐오, 따돌림, 불평등의 기원과 발현 양상 역시 사회성에 기반한다. 백인, 성인, 남성이 주류인 사회에서 비주류, 외집단이라고 할 수 있는 유색인, 여성, 아동, 동물, 기계에 대한 차별과 혐오, 폄훼와 불평등은 초사회성의 어두운 면이다.

둘째, 사회적으로 인정받고 관심받기 위해 감정을 너무 많이 소비하는 과도한 강박 증상도 나타났다. 친교와 교류의 장을 만들기 위한 과도한 관심과 강박은 코로나 팬데믹이 보여주듯이 호모 사피엔스를 멸망에 이르게 할 수도 있다. 지난 20~30년 동안의 세계화는 인류의 사회적 털 고르기라고 할 수 있기 때문이다. 인류는 다른 동물이 멸종되든 지구 환경이 파괴되든 세계적 털 고르기에 너무도 몰두한 나머지 어떤 선을 넘어버렸고, 그 대가로 나타난 것이 코로나바이러스의 출현과 인류의 생존을 위협하는 팬데믹이라 할 수 있다.

그러나 현대 사회에 과연 소셜 그루밍은 필요한 것일까? 《많아지면 달라진다》의 저자 클레이 셔키Clay Shirky는 노동시간 감소와 기술의 발전이 전 세계 사람들에게 1조 시간이 넘는 여가 시간을 만들어주었고, 그 여가 시간은 단순히 개인들이 갖게 된 여가 시간의 합이 아닌 공동의 목적을 위해 사용할 수 있는 사회적 자원이라는 '인지잉여 Congnitive Surplus' 개념을 제시한다. 이러한 인지잉여의 시대에는 생존을 위한 자원의 문제가 이전만큼 중요하지 않으며, 전처럼 소셜 그루밍이 중요하지 않게 되었다. 모이지 않아도 되고, 대면할 필요도 없다. 그런데도 우리 뇌, 진화된 적응기제는 외로움을, 외톨이가 된다는 것을 못 견뎌 한다. 마치 이제는 더 이상 영양분을 몸에 쌓아두지 않아도 되는데 몸은 계속 저장해두어 비만 상태가 되듯, 모여서 소셜 그루밍을 하지 않아도 되는데 서로 연결하고 접촉하려는 것은 강박일 수 있다. 코로나로 인한 2년 동안의 거리두기는 '인간관계란 이토록 번거롭고 피곤한 것인데 반드시 만나야 하나?'라는 의문에 '혼자여서 정말 좋구나'라는 답으로 이어졌다. 미래학자 토마스 프레이Thomas Frey는 포스트 코로나 시대에 "개인의 파편화·보수화가 가속화되면서 '인간은 사회적 동물'이란 명제는 종말을 맞을 것이다"라고 말한다.* 사회적 교류가 줄면 사회적 동물로서의 인간의 존재 양식은 퇴보하고, 인간은 보다 개인화될 것이라고 전망한다.

이러한 개인화·개별화 현상의 가속화에는 애초에

---

*   기사 「최고 미래학자 "'인간은 사회적 동물' 명제 종말 맞을 것"」-〈한국일보〉 2020년 9월 17일 게재.

'인간은 왜 모여서 살아가야 하지?'라는 의문을 가져본 적
조차 없는 Z세대 등장의 영향이 크다. 한국의 세대 구분은
디지털 기술의 발전을 기준으로 크게 네 가지로 나눌 수
있다. 바로 베이비 붐 세대, X세대, 밀레니얼(M) 세대, Z세
대다.

세대별 특징과 인구 비중

세대 구분	베이비 붐 세대	X세대	밀레니얼 세대	Z세대
출생 연도	1950~1964년	1965~1979년	1980~1994년	1995년 이후
인구 비중	28.9%	24.5%	21%	15.9%
미디어 이용	아날로그 중심	디지털 이주민	디지털 유목민	디지털 네이티브
성향	전후 세대, 이념적	물질주의, 경쟁사회	세계화, 경험주의	현실주의, 윤리 중시

*「Z세대가 온다! Z세대 그들은 누구일까요?」(콘텐타) 2019년 8월 13일 게
재 참조.

    베이비 붐 세대는 아날로그에 익숙한 사람들이고, X세
대는 성인이 되어 디지털에 입문한 아날로그 억양의 디지
털 이주민이다. M세대는 태어나서 평균적으로 15년이 지
난 후부터 디지털을 접한 디지털 유목민이며, Z세대는 인
간관계를 맺기 전에 인터넷, 디지털, 아바타와 먼저 관계
를 맺은 디지털 네이티브다. 앞서 설명했듯이 이들은 인터

넷과 디지털에 최적화된 뇌를 가진 포스트휴먼이다.

　김대식은 Z세대는 거리두기에 익숙한 사람으로 성장할 것이라고 예측한다. Z세대 포스트휴먼들은 호모 사피엔스와 달리 메타버스에서 놀고 소비하며 생활할 것이라고 본다. 사이버공간이 익숙한 이들은 대면 위주의 아날로그적 사회관계가 불편하고 두려울 수밖에 없다. 이들은 면대면은커녕, 얼굴을 보지 않는 전화 소통도 피하려 한다. 문자도 번거롭고 이모티콘이면 충분히 소통할 수 있다고 생각하며 이것에 익숙하다. 이처럼 전화 통화조차 불편해하며 기피하는 현상을 '콜포비아call phobia'라고 하는데, 듣는 순간 바로 답해야 하는 실시간 소통이 필요한 통화를 두려워하는 것이다. 실시간 소통은 돌발 변수도 많고, 오해할 가능성도 높기 때문에 피곤하다. 그래서 Z세대는 오해할 가능성 자체를 줄이기 위해 문자와 이모티콘을 선호한다. 그런데 이모티콘은 역설적으로 소통의 양과 질을 높이기도 한다. 평소 거칠게 말하는 사람이나 자기 감정을 직접 말과 글로 표현하는 것에 서툴거나 어려운 사람들은 이모티콘을 사용함으로써 부드러운 의사소통이 가능하고, 자신의 감정을 압축적이면서 효과적으로 표현할 수 있다.

느슨한 비대면 공동체의 밀도 있는 대면

'혼자여서 행복해요'를 잘 보여주는 영화가 바로 〈노매드랜드Nomadland〉(2021)일 것이다. 이 영화의 관전 포인트는 이외에도 다양하지만, 사회적 거리두기 덕분에 텅 빈 영화관에서 혼자 편하게 감상하는 호사를 누려서인지 '혼자여서 행복해요'라는 메시지가 내게는 강렬했던 것 같다. 2021년 아카데미 시상식에서 작품상, 여우주연상, 감독상을 수상하여 화제가 된 이 영화는 저널리스트 제시카 브루더Jessica Bruder가 2017년에 발표한 르포 《노마드랜드: 21세기 미국에서 살아남기》를 원작으로 하는데, "2011년 1월 31일 석고 보드의 수요 감소로 네바다주 엠파이어의 공장을 폐쇄해 이 도시의 우편번호 사용이 중지되었다. 도시가 몰락했다"라는 자막으로 시작한다. 2008년 세계금융 위기로 도시가 붕괴된 후 남편과 사별하고 직장도 잃은 펀Fern은 밴을 타고 일자리를 찾아 미국 서부를 혼자 떠도는 현대판 노마드nomad(유목민)다. 통신기술의 발달과 함께 특정 장소에 매이지 않고 원격으로 일을 한다는 '디지털 노마드Digital Nomad'의 정의에 딱 맞는 것은 아니지만, 인터넷에 접속해 다양한 디지털 플랫폼에서 생활에 필요한 정보와 일자리를 얻고 차로 이동한다는 점에서 느슨한 의미의 디지털 노마드라고 할 수 있다. 펀은 폐쇄된 공장들의 자리를 메운 아마존 물류센터나 국립

영화 〈노매드랜드〉 포스터

혼자이며 함께인 삶

영화의 주인공 펀은 때로는 다른 노마드들과 함께하고 때로는 혼자인 삶을 즐기는, 느슨한 삶형태를 지향한다.

공원에서 여름 시즌 임시직으로 일하며 생계를 해결한다. 비슷한 주제를 다루는 작품들이 빈곤의 나락으로 떨어진 이들의 비참함을 폭로하는 데 그치는 반면 이 작품은 열악한 조건에서도 혼자서도 품위 있게 살 수 있음에 주목한다.

아마존은 집에서 온라인 쇼핑을 즐기는 혼자인 소비자들과 홀로 떠돌아다니는 노마드 노동자들 덕분에 거대해진, 비대면 사회가 키운 빅테크 플랫폼 기업이다. 펀은 아마존에서 만난 린다Linda에게서 노마드 커뮤니티와 밥 웰스Bob Wells에 관한 유튜브 채널을 소개받고, 다양한 노마드들을 만나 생존에 필요한 것을 배우고 적응해간다. 펀이 길 위에서 만나는 노마드들은 캠핑장에서 청소를 하고 아마존 물류 센터와 건설 현장에서 일하면서 힘들고 어렵게 살아가지만, 서로 돕고 연대하면서 고독하지만 능동적이고 긍적적으로 살아간다. 노마드들은 각자의 삶을 영위하다가도 언제든 필요하면 다시 만난다. 혼자이면서도 함께인, 비대면과 대면을 적절히 혼합하는 삶형태, 느슨한 공동체를 구축한다.

남편이 죽자 절망에 빠져 힘들어하던 펀은 혼자 떠도는 생활을 선택한 뒤 차츰 자유로움을 만끽하며 회복해간다. 그러다가 우연히 만난 노마드 데이브Dave와 친해지는데, 아들 집에 정착한 데이브는 펀에게 같이 살자고 제안한다. 데이브의 가족은 화목하고 안정되어 보이지만 편은 이 제안을 거절한다. 이후 편은 고장난 밴의 수리비를 구하기 위해 언니를 찾아가는데, 언니도 편이 떠돌이 생활을 청산하고 함께 살기를 바란다. 그러나 편은 수리한 밴을 타고 혼자 낯선 곳으로 떠난다. 가족과의 밀접한 생활, 끈끈한 유대, 사회적 관계를 다시 만들 수 있는 기회가 왔음에도 불구하고, 그녀는 자발적으로 혼자이길 고수하고 혼자이길 즐긴다. 남 눈치를 보지 않고, 자신이 가고 싶은 곳에 간다. 편은 혼자서 떠도는 생활 속에서 새로운 세계를 접한다. 네바다, 애리조나, 네브래스카 등 드넓은 북미 대륙을 마음껏 질주하고, 대륙의 웅혼한 기운이 그녀에게 스며든다. 대자연과 온몸으로 접촉하면서 세계를 직접 경험한다. 광활한 자연 속에서 붉은 노을을 바라보며 사색에 잠기고, 대양의 거친 숨소리와 폭풍우를 온몸으로 만끽하고, 숲속 차가운 계곡물에 알몸으로 들어가 자연과 온전히 접촉한다.

　물질세계를 온몸으로 보고 듣고 느끼는 직접적인 접촉과 대면 속에서 그녀는 자신이 진정 살아 있다는 느낌을 받는다. TV 화면, 그림, 책, 오디오 따위를 통해 비대면 방식으로 이를 간접 경험할 수도 있을 것이다. 그러나 직접적인 접촉과 비대면 접촉은 천지 차이임을 이 영화는 잘 보여준다. 대면하는 직접 경험 속에서 자연, 즉 물질-기호적인material-semiotic* 것들은 그녀의 몸을 관통하고 몸에 흔적을 남기며 새겨진다. 비대면 간접 경험의 그것과는 현저하게 다르다.

　　신유물론 페미니스트 스테이시 앨러이모Stacy Alaimo는 《말, 살, 흙: 페미니즘과 환경정의》에서 '인간을 넘어서는 세계'와 인간 몸 사이의 '물질적 상호연결'들을 '횡단신체성trans-corporeality' 개념으로 탐구한다.** '트랜스trans'란 관통하며 가로지르는 것과 '넘어선다'는 두 가지 의미가 있다. 따라서 횡단신체성은 인간의 몸과 자연의 몸들 즉, 모든 몸들을 물질들이 통과한다는 것을 의미할 뿐 아니라 몸들의 연결, 마주침, 얽힘에 의해 서로 내부적으로 작용하여, 지금의 몸을 넘어서고 초월하는 새로운 몸을 생성한다는 것을 의미한다.

　　예를 들어 코로나바이러스19는 인간의 몸들을 가로지르며 통과하면서 감염을 유발하는 한편, 바이러스라는 몸과 인간의 몸이 만나 감염된 몸과 변이 바이러스를 만든

---

* 　도나 해러웨이Donna Haraway의 '물질-기호론material-semiotics'과 같은 맥락의 다른 버전인 브뤼노 라투르Bruno Latour의 '행위자연결망이론Actor-Network Theory, ANT'에 따르면 자연, 즉 세계는 인간과 비인간 행위자들이 서로 관계하면서 물질적으로 구성되는 동시에 기호적으로 의미를 실어 나른다. 즉 세계는 물질-기호적이다.

** 　스테이시 앨러이모, 《말, 살, 흙: 페미니즘과 환경정의》, 윤준·김종갑 옮김, 그린비, 2018, 2쪽 참조.

다. 이때 감염된 몸과 변이 바이러스라는 관계항은 감염 관계 이전에 앞서 존재하지 않으며, 구체적인 감염 즉, 내부적 작용을 통해 출현한다. 앨러이모는 이 횡단신체성 개념으로 인간 몸과 비인간 자연들 사이의 상호 연결과 교환과 이동, 즉 문화-몸-자연의 상호 침투와 얽힘을 추적한다.

　　횡단신체성 개념에 따르면 자연의 몸들은 내 몸을 관통하면서 다른 나를 만들고, 자연의 몸들 또한 다른 것들로 만들어진다. 내 몸을 관통하는 자연의 몸들과 타인의 몸들은 나를 구성한다. 이것들이 가지는 온도, 냄새, 촉감 등 모든 것이 내 몸을 구성하면서 흔적을 남긴다. 주체와 타자, 나와 너의 경계는 희미해진다. 몸들의 경계가 뚜렷하고 고정되어 몸이 개인주의적이라는 개념은 착각이며, 인간 실체는 궁극적으로 자연과 항상 얽혀 있어 분리될 수 없다. 이렇게 새롭게 만들어진 몸, 다른 감각을 가진 몸은 다른 삶형태를 만든다.

　　영화 〈노매드랜드〉에서 펀이 보여주는 함께보다는 혼자인 삶, 고독하지만 강인한 노마드적 삶형태는 이를 잘 보여준다. 펀은 혼자여서 정말 행복하다. 그의 노마드적 삶은 자연과 펀이 함께 만드는 몸과 그 몸으로 사는 새로운 삶형태이다. 펀에게 주변의 자연은 수동적 객체가 아니라, 인간과 행위 방식만 다를 뿐 새로운 삶형태를 구성하는 동등한 능동적 행위자다. 이러한 관계와 삶형태는 신자유주의적 자본주의로 피폐해진 세계에서 펀이 "트러블과 함께 머무르는staying with the trouble"* 것으로, 펀에게 다시 살아갈 힘을 준다. '트러블과 함께 머무르기'는 해러웨이의 책 제목이기도 한데, 여기서 트러블이란 인간과 비인간 행위자들의 얽힘에서 발생한 쉽게 해결하기 힘든 문제들을 말한다. 예를 들어 영화 초반 펀에게 강제된 노마드적 삶은 사회적·역사석·물질석인 그물망이 복잡하게 얽혀 있는 트러블이다. 펀이 물질적으로 안락한 정착 생활을 거부하는 것에서 알 수 있듯이 펀의 트러블은 물질적 빈곤과 그 해결이라는 하나의 원인과 단순한 해법으로 환원되거나 해소되지 않는다. 여성적·경제적·사회적·역사적·정치적인 것들이 복잡하게 얽힌, 해결하기 어려운 현실의 트러블들을 마주하여 펀은 주저앉지도 냉소하지도 않는다. 대신 지금 당장 취할 수 있는 즉각적인 행동들을 찾는다. 아마존 물류 센터나 국립공원에서 임시직으로 일하고, 고장난 차를 고치고, 다른 노마드들에게서 도움을 받거나 도와주면서 우정을 나누고, 지지리 궁상맞아 보이는 고생스러운 캠핑을 자연과 함께하는 힐링으로 바꾼다.

정치학자이자 '생기적 신유물론vital new materialism'

---

*   Haraway, Donna, 《Staying with the trouble : making kin in the Chthulucene》, Duke University Press, 2016, p.117.

자인 제인 베넷Jane Bennett은 인간과 비인간 행위자들이 함께 만드는 실천에 대해 "행위능력의 현장은 항상 인간-비인간 워킹그룹"이라고 강조한다.[*] 그녀의 통찰을 공유하는 법학자 안나 그리어Anna Grear는 비인간 행위자들을 커머너 즉, (유기적이고 비유기적인 모든) 비인간 행위자들을 커먼즈 얽힘 속의 생기 넘치는 파트너로 간주한다.[**] 이들에 따르면 자연의 몸과 펀의 몸은 부단한 물질적-감응적-기호적 '내부작용intra-action'으로 펀의 노마드적 삶을 구성한다. '내부작용'은 캐런 바라드Karen Barad가 제시한 개념으로, 얽혀 있는 행위 주체들의 상호 구성을 뜻한다. 상호작용interaction 개념에서는 작용이 일어나기에 앞서 개별적으로 존재하는 분리된 행위주체들을 전제하지만, 내부작용 개념에서는 행위 주체들의 존재를 전제하지 않고 오히려 이러한 주체들이 내부작용을 통해 창발한다고 인식한다.[***] 펀의 몸과 삶형태는 인간과 비인간 자연의 "물질대사적 의존성", 인간과 비인간을 포괄하는 모든 "행위자

[*]   Bennett, Jane, 《Vibrant Matter: A Political Ecology of Things》, Duke UP, 2010, ch. XVII.

[**] Grear, Anna·Bollier David, 《The Great Awakening: New Modes of Life amidst Capitalist Ruins》, Punctum Books, 2020, p.317.

[***] Barad, Karen, 《Meeting the Universe Halfway: Quantum Physics and the Entanglement of Matter and Meaning》, Duke UP, 2007, p.33.

들의 얽힘"을 잘 보여준다.[*]

철학자 이자벨 스탕게르스Isabelle Stengers의 말처럼 펀은 신자유주의적 자본주의 사회에서 잃어버린 나를 찾고 만드는, 나의 몸과 삶에 "관심을 기울이는 기예the art of paying attention"를 터득한다.[**] 혼자일 때 비로소 가능해지는 실재 세계와 나 사이의 밀도 있는 관계를 이 영화는 잘 보여준다. 펀의 매우 혼자인 삶은 인간과 비인간 자연을 포함한 세계와의 접촉과 관계를 성찰하게 한다. 인간과의 비대면이 가져오는, 세계와의 밀도 있는 대면 속에서 인간은 자신을 더 잘 이해할 수 있게 된다.

그런데 〈노매드랜드〉에서 펀이 혼자이고 싶을 때 홀쩍 떠났다가 필요할 때만 사회와 연결될 수 있었던 것은 그녀의 소중한 밴 덕분이다. 펀은 자신의 밴에게 '선구자 vanguard'라는 이름을 붙여준다. '선구자'는 펀에게 고유의 개성을 갖춘 소중한 존재다. 혼자이길 고집하는 펀도 필요할 때는 다른 노마드 친구들, 일자리를 제공할 사람들, 광활한 자연을 찾아 나서야 한다. 혼자이면서도 함께하고 싶은 욕망, 그 딜레마를 해결하기 위해 펀이 유튜브에 접속

[*]   Weber, Andreas, 《Enlivenment: Toward a Poetics for the Anthropocene》, MIT P, 2019, p.4.

[**]   Stengers, Isabelle, 《In Catastrophic Times: Resisting the Coming Barbarism》, Tr. Andrew Goffey, Open Humanities, 2015, p.62

하고 밴을 타듯이 비대면 사회 속에서 우리는 혼자이지만 함께하기 위해 인터넷에 올라탄다.

영화는 디지털과 유목민과 여성성이 조우하는 지점을 잘 포착해낸다. 정착한 삶을 선택하는 데이브와 노마드적인 펀이 대비되는 것처럼, 보통 남성은 위계와 조직을 선호하고, 여성은 공감, 유대, 유연한 네트워크를 선호한다. 성별, 인종, 세대, 계층 등을 가로질러 횡단하는 유동적인 디지털은 노마드적 성향을 지닌 여성과 더 잘 맞는다. 노마드 펀은 기계(밴)와 디지털에 올라타 북미 대륙을 누비면서 낯선 타자들(자연과 인간들)과 접속하고 변용되는, 매우 혼자이지만 함께 하는 비대면 사회의 전형적인 인물상이다.

② 디지털 세계로 떠나자

디지털 커뮤니케이션이 필요한 이유

혼자이면서도 함께인 삶형태를 향유하는 강인한 편과 달리 많은 사람이 팬데믹으로 집에 갇혀 있는 동안 혼자 지내는 것을 괴로워했다. 혼자 사는 것은 불가능하며 의미도 보람도 재미도 느끼기 어렵다는 것을 체감했다. 특히 팬데믹이라는 위기는 사회적 관계와 그것을 통해 얻는 친밀감, 그리고 이해와 공감이 우리가 살아가는 데 얼마나 소중한 것들인지 다시 한 번 깨닫게 해주었다. 인간이 사회적 동물임을 자각하게 만든 측면도 있는 것이다. 디지털 네이티브인 Z세대는 혼자 방에 있더라도 인터넷으로 세상 사람들과 항상 연결되어 있다. 그들의 인터넷(연결)을 잠시 끊어보라. 아마도 산소 부족과 호흡곤란에 시달리는 사람처럼 안절부절못하고 고통스러워할 것이다. 혼자이면서도 함께하는 데서 오는 친밀감을 얻고 싶은 모순적인 욕망, 혼자 있으면 외롭고 함께하면 불편한 딜레마는 인류의 풀 수 없는 문제 같았다. 그러나 인터넷을 기반으로 한 디지털 커뮤니케이션 기술 덕분에 이 모순과 딜레마가 해결될 가능성이 열렸다.

인터넷은 개인을 세계와 연결한다. 인터넷 덕분에 우리는 각자의 방에 떨어져 있으면서도 동시에 전 세계 곳곳에 사는 사람들과 실시간으로 연결될 수 있다. 이미 세계 인구의 68%가 인터넷을 사용하고 있고 70% 이상이 스마트폰을 이용한다.[*] 세계 인구 절반 이상이 인터넷으로 연결된 '초연결 사회Hyper-connected Society', 디지털 세상이라고 할 수 있다. 초연결 사회란 인간과 사물이 거미줄처럼 촘촘하게 네트워크로 연결된 사회를 말한다.

인류는 연결과 소통을 위해 새로운 커뮤니케이션 방법을 계속 개발해왔다. 연결과 접속을 통한 상호작용을 통해 친밀감과 삶의 의미를 얻을 수 있기 때문이다. 이는 혼자서는 느끼기 어려운 것들이다. 신뢰감과 친밀감을 인간 이외에도 반려동물, 식물, 기계와 사물, 비존재와 공존하며 느끼는 이들도 있다. 사람에게 죽음 다음으로 심한 벌이 독방 감금이라고 말할 정도로, 연결에서 오는 친밀감은 중요하다. 공간과 시간의 제약을 뛰어넘어 대면하지 않고서도 친밀감을 나누고자 하는 열망은 인류에게 인터넷, 스마트폰, SNS 같은 디지털 커뮤니케이션을 발명하게 했으며, 다음은 메타버스라고 보는 이들이 많다. 인터넷을 통한 비대면 접촉은 기존의 대면을 기반으로 한 관계를 확장시킨다. 이제 인류는 언제 어디서든, 누구나와 연결되기 위해 인터넷에 접속하여 사이버공간으로 들어간다.

사이버 공간에서 할 수 있는 것은 무궁무진하다. 사

[*] 인터넷 관련 통계 자료 페이지(www.internetworldstats.com)와 「Smartphone Ownership Is Growing Rapidly Around the World, but Not Always Equally」-〈Pew Research Center〉 2019년 2월 5일 게재 참조.

이버공간은 컴퓨터와 인터넷, 디지털 기술을 매개로 구현된, 사회적인 만남과 상호작용이 이루어지는 커뮤니케이션 공간 또는 사회를 의미한다. 이 용어를 만들어 널리 알린 미국의 소설가 윌리엄 깁슨William Gibson이 1984년 발표한 대표작 《뉴로맨서》에서 묘사한 사이버공간은 어떤 모습인지 살펴보자.

《뉴로맨서》의 '사이버스페이스'는 매일 전 세계에서 수억 명의 오퍼레이터와 학생들이 접속하는 곳이다. 인류가 사용하는 모든 컴퓨터의 데이터로부터 유추된 자료를 시각적으로 재현하며, 우리의 상상을 초월할 정도로 복잡한 공간이라고 묘사된다. 정신 속에 존재할 뿐 물질적 공간은 아닌, 공감각적 환상이라고 일컬어지는 공간이다. 이러한 깁슨의 묘사는 다소 추상적이지만, 사이버공간이 인터넷 안에 사용자들의 커뮤니티가 형성되는 추상적인 공간이자 현실과 환상이 구분되지 않는 공감각적 공간이며, 컴퓨터의 스위치를 켜는 순간 등장했다가 끄는 순간 사라지는 장소 없는 공간임을 잘 드러낸다. 사이버공간은 비트bit와 네트net(internet)를 매개로 하는 새로운 커뮤니케이션과 체험의 공간이다.

우리가 현존하는 물질세계는 아날로그 세계다. 아날로그 세계란 빛의 흐름과 신호의 강약으로 이루어진 연속적인 흐름의 세계다. 반면 컴퓨터와 인터넷 네트워크로 형성된 사이버공간은 디지털 세계로, 모든 것이 이진법 부호 0과 1(on/off)로 이루어진 정보 단위 비트로 존재한다. 비트란 물질로부터 벗어난, 탈물질화된 기호다. 디지털 세계에서 물질은 비트로 재구성되고 인터넷을 통해 세계 어디로든 흘러 다닌다. 아날로그 세계는 중심을 매개로 구조화되지만 디지털 세계, 즉 사이버공간은 중심과 구조로부터 벗어나 개별화된다는 점에서 근본적으로 다르다. 우리의 삶이 아날로그에서 디지털로 재편됨으로써 삶형태는 탈중심화·탈구조화·세계화·개별화되고 있다. 아날로그에 익숙한 사람들이 아무리 저항하더라도 디지털 문명은 우리의 미래다.

사이버공간 개념은 가상공간virtual space이나 가상세계virtual wold와 혼동되어 사용되지만, 엄밀히 따지면 가상공간의 하위 개념이다. 지리학자 이희상에 따르면 가상공간은 ①기억, 몽상, 꿈이라는 심리적 가상공간, ②그림, 사진, 영화라는 영상적 가상공간, ③테마파크, 모델하우스, 박물관이라는 물질적 가상공간, ④텔레비전, 인터넷, 컴퓨터 게임이라는 전자적electronic 가상공간으로 구분할 수 있으며, 이들은 때때로 융합되어 왔다.* 전자적 가상공

---

* 이희상, 「가상공간: 하이퍼텍스트로서의 도시」, 한국문화역사지리학회 편, 《현대 문화지리의 이해》, 푸른길, 2013, 262~305, 264쪽 참조.

가상공간 개념도

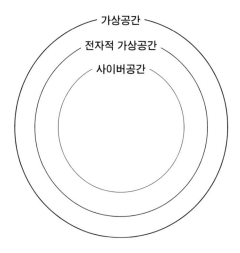

다양한 가상공간

가상공간은 성격에 따라 위와 같은 관계를 갖는다. 그러나 서로의 경계가
뚜렷하지 않아 때때로 융합되기도 한다.

간에 커뮤니케이션이 더해지면 사이버공간이 된다.[*]

사이버공간은 우리에게 무엇이든 될 수 있고 할 수 있다는 가능성을 주는 공간이다. 사이버공간은 현실세계에서보다 훨씬 유연한 정체성을 가질 수 있게 함으로써 우리 삶에 새로운 의미의 차원들을 더해준다. 사이버공간에서 실현 가능한, 현실과는 다른 삶형태는 철학자와 정치학자뿐 아니라 모두의 큰 관심거리였다. 니체는 인류가 부단한 자기 창조에 몰입하고, 변용 그 자체를 위한 변용을 즐기길 바랐다. 이제 우리는 가상공간에서 새로운 방식으로 자신을 표현하고 다른 삶형태를 실험할 수 있게 되었다. 사이버공간은 안전한 실험을 통해 자신이 만족할 만한 삶형태를 실험해볼 수 있는 탐색 수단일 수 있다. 그 과정에서 자신의 깊은 욕망을 발견하고 이를 충족할 수도 있다.

기술이 진보함에 따라 가상공간은 계속 확장하고 진화하고 있다. 인간의 삶에서 가상공간이 차지하는 비중이 점점 커지면서 우리의 삶형태 또한 변화하고 있다. 1990년대에 우리는 데스크톱 인터넷을 통해 가상공간을 향유하는 디지털 이주민이었고, 2010년대에는 모바일 인터넷을 통해 몸을 움직이면서 가상공간을 경험하는 디

---

[*]　배덕현, 「사이버공간의 정의와 특징-몇 가지 사례를 중심으로」, 《문화역사지리 제27권 제1호》, 2015, 129~143, 131쪽 참조.

지털 유목민이었다. 이제는 한 발 나아가 '체화된 인터넷 embodied internet'인 메타버스metaverse를 통해 가상공간 안에 들어가 살아가는 디지털 거주민이다.* 오늘날 사람들 은 마치 앨리스가 거울 속으로 걸어 들어가듯이 스크린의 세계 속으로 들어간다. 1987년에서 1994년까지 방영된 미 국의 SF드라마 〈스타 트렉: 더 넥스트 제너레이션Star Trek: The Next Generation〉에 나오는, 사이버공간을 불러오는 장 치 '홀로데크holodeck'가 만든 홀로그램 시뮬레이션으로 걸어 들어가는 상상은 이제 현실이 되었다.

　　메타버스란 인간이 디지털 기술로 현실세계를 초월 해서 만들어낸 여러 사이버공간을 말한다. 메타버스는 초 월, 가상을 의미하는 '메타meta'와 세계, 우주를 뜻하는 '유 니버스universe'의 합성어로서, 현실을 초월한 가상공간이 다. 메타버스라는 용어는 1992년 닐 스티븐슨의 소설 《스 노크래시》에서 처음 등장했다. 주인공, 히로 프로타고니 스트Hiro Protagonist는 일본에 살았던 한국인 어머니와 텍 사스 출신 흑인 아버지 사이에서 태어난 한국계 혼혈이다. 그는 현실세계에서는 피자를 배달하고 메타버스에서는 최 고의 검객이자 프리랜서 해커로 살아간다.

*　　기사 「facebook wants us to live in the metaverse」-(The Newyorker) 2021년 8월 5일 게재 참조.

히로는 고글과 이어폰을 쓰고 컴퓨터가 만들어낸 가상세계 메타버스에 접속한다. 메타버스에서의 화려하고 즐거운 삶은 임대 창고에서 사는 현실의 괴로움을 잊게 해준다. 물론 그가 메타버스에서 만나는 사람들은 실제가 아니다. 사람처럼 보이는 아바타라는 소프트웨어, 즉 메타버스에 접속한 사람들이 쓰는 가상의 몸일 뿐이다. 아바타는 장비만 있다면 어떤 형태로든 만들 수 있다. 못생긴 사람이 아름다워질 수도 있고, 인간이 아닌 고릴라나 용이 될 수도 있다. 이처럼 닐 스티븐슨이 묘사하는 메타버스는 오늘날의 가상세계와 놀라울 정도로 흡사하다.

사이버공간의 캐릭터, 플레이어의 분신을 뜻하는 아바타avatar라는 말도 이 소설에 의해 대중화되었으니, 메타버스 시대와 메타버스로 돈을 버는 기업들은 스티븐슨에게 빚진 것이 많다고 할 수 있다. 페이스북 CEO 마크 저커버그Mark Zuckerberg는 2021년 10월 메타버스 사업을 강화하겠다며 회사명을 '메타Meta'로 바꾸겠다고 발표했는데, 스티븐슨에게는 이름값에 대한 보상은 없었단다. 그는 아쉬운 느낌일까? 아니면 자부심을 느낄까?

현재 여러 변화를 겪으며 만들어지고 있는 메타버스를 정확히 정의하기는 쉽지 않다. 《메타버스: 디지털 지구, 뜨는 것들의 세상》의 저자 김상균은 페이스북, 인스타, 카카오스토리 등의 SNS에 일상을 공유하는 것부터 인터넷 카페에 가입해 활동하거나 온라인 게임을 즐기는 것 모두 메타버스에서 살아가는 방식이라고 설명한다.[*] 미래 기술 연구 단체인 ASFAcceleration Studies Foundation에 따르면 메타버스의 4대 요소는 증강현실Augmented Reality, 라이프로깅lifelogging, 거울세계mirror worlds, 가상세계virtual worlds다.

증강현실은 현실 위에 가상의 이미지를 현실에 덧씌워 보여주는 기술로, 현실에 존재하는 대상은 물론 판타지적 세계관에서나 볼 법한 대상을 현실과 함께 보여줄 수 있다. 출시 당시 선풍적인 인기를 끌었던 '포켓몬고PokemonGO'와 자동차 앞 유리에 길 안내 이미지가 나타나는 'HUDHead Up Display' 등이 증강현실의 예이다.

라이프로깅은 일상을 텍스트, 영상 등으로 기록하고 공유하는 것이다. 라이프로그lifelog는 삶, 일상생활을 의미하는 'life'와 기록을 의미하는 'log'의 합성어로, 일상생활에서 기록되고 저장되는 정보를 의미한다. 인스타그램을 비롯한 SNS에 음식이나 여행 사진을 올리고, 브이로그Vlog[**]를 찍어 유튜브에 올리는 것 등이 이에 해당한다.

[*]   김상균, 《메타버스: 디지털 지구, 뜨는 것들의 세상》, 플랜비디자인, 2020, 23쪽 참조.

[**]   비디오video와 블로그blog의 합성어로, 자신의 일상을 촬영한 영상 콘텐츠이다.

거울세계는 현실세계를 디지털 공간에 구현한 것이다. 구글맵, 카카오맵, 배달앱, 에어비앤비 등이 대표적인 거울세계다. 길찾기, 택시 부르기, 대리운전, 버스 지하철 시간과 노선 안내, 은행 서비스 등 현실세계는 줄줄이 거울세계로 들어가는 중이다.

가상세계란 현실에 존재하지 않는 시대·문화적 배경, 등장인물, 사회제도 등을 디자인해놓고, 그 속에서 살아갈 수 있도록 설계된 사이버공간을 말한다. 스티븐 스필버그Steven Spielberg 감독의 영화 〈레디 플레이어 원Ready Player One〉(2018)에 나오는 가상 현실 '오아시스OASIS'가 대표적 예다. 영화의 배경은 2045년으로, 거대 기업들이 도시를 장악하고 빈민 지역에 사는 사람들 대부분은 암울한 현실을 잊기 위해 가상 현실 장비로 오아시스에 접속해 아바타로 가상세계를 즐기는 것을 삶의 유일한 낙으로 삼는다. 현재 가장 많은 사람들이 들어가는 가상세계로는 배틀그라운드, 리니지, 포트나이트 같은 온라인 게임이나 로블록스, 제페토 같은 복합적인 메타버스 등이 있다. 그중 제페토는 세계적으로 3억 명 이상이 이용하는 네이버의 메타버스 플랫폼으로, 아바타를 통해 소통하거나 게임을 즐길 수 있는 것은 물론 제페토 안에서 사용할 수 있는 패션 아이템을 제작하고 판매하는 등 경제활동도 할 수 있다. 제페토 주 이용자층은 10대 청소년이며, 95%가 해외 이용자일 정도로 글로벌한 플랫폼이다.*

메타버스 플랫폼은 인터넷, 빅데이터, 인공지능, 블록체인blockchain 등 획기적인 방식으로 경제 전반에 큰 영향을 미치는 범용기술이 발달하면서 만들어졌다. 특히 블록체인에 저장된 데이터 단위인 (고유하고 상호 교환할 수 없는) '대체 불가능 토큰Non-Fungible Token, NFT' 덕분에 디지털 파일 소유자에게 저작권과 소유권을 부여할 수 있게 되면서 메타버스에 대한 관심이 폭발적으로 증가하였다. 메타버스 초기 형태라고 할 수 있는 싸이월드나 세컨드 라이프Second Life가 사용자의 소비 중심이었다면, 지금의 메타버스 플랫폼들은 사용자가 생산과 판매가 가능해 수익을 창출할 수 있고 현실 경제와 연동되면서 신산업으로 각광받고 있다. 로블록스 안에서 게임을 만드는 제작자는 약 800만 명으로, 평균적으로 연간 1만 달러(약 1,300만 원)의 수익을 올리며, 상위 300명은 10만 달러(약 1억 3,000만 원) 가량의 수익을 올렸다고 한다.** 제페토에서는 아바타용 의상을 제작·판매하여 월 1,000만 원 이상의 수익을 올리는 크리에이터들도 있으며, 다니던 직장을

---

*　기사 「전세계 3억명이 즐긴다…'메타버스 최강자' 된 네이버 제페토」 -〈한경닷컴〉 2022년 3월 5일 게재.

**　기사 「잘나가는 로블록스, 저력은 어디에서 오나?」-〈바이라인 네트워크〉 2022년 3월 10일 게재 참조.

그만두고 제페토에서의 활동에 전념하는 경우도 있다.* 미래에는 메타버스가 만든 가상 경제와 가상 자산이 현실 경제와 현실 자산의 동력이 될 것이라고들 추측한다.

메타버스에 들어가기 위해서는 기본적으로 고성능의 스마트폰이나 컴퓨터가 필요하고, 메타버스를 보다 생생하게 즐기려면 헤드셋, 장갑이나 안경 형태의 가상현실 징비가 필요하다. 이처럼 나양한 장비들이 개발되어 메타버스를 점점 확산시키고 있다. 이동통신 기술 또한 5세대(5G)를 넘어 6G로 도약중인데,** 6G에 이르면 사람과 사물이 물질적 공간과 사이버공간의 경계 없이 서로 유기적으로 연결돼 상호작용할 수 있는 인프라를 제공하여 메타버스가 일상생활에서도 원활하게 구현될 수 있다고 한다. 기존의 커뮤니케이션 네트워킹 수단은 주로 컴퓨터와 스마트폰이었지만, 6G 시대에는 모바일 홀로그램 서비스가 가능해져 구글글래스 같은 안경형 확장현실eXtended Reality, XR*** 장비를 사용해 소통하게 될 것이며, 관련 장비가 100달러(약 13만 원) 수준으로 낮아져 보급되면 현재

---

*   기사 「재미로 시작한 '가상 패션', 월 1500만원 수익 났다」-〈지디넷 코리아〉 2022년 2월 8일 게재 참조.

**   6G는 5G보다 약 50배 빠른 네트워크를 구현할 수 있다고 한다.

***   XR은 가상현실, 증강현실, 혼합현실Mixed Reality 등 오감으로 느낄 수 있는 실감 기술을 통칭한다.

영화 〈레디 플레이어 원〉 포스터

메타버스 시대를 그린 영화, 〈레디 플레이어 원〉

영화에 나오는 '오아시스'는 현실에서 충족될 수 없는 욕망들을 실현할 수
있는 사이버공간이다.

의 스마트폰을 대체할 것이라고 전망하기도 한다. XR 헤드셋을 활용하면 멀리 떨어진 사람과 사물을 3차원 홀로그램으로 구현해 실제로 만나는 것처럼 소통할 수 있다고 한다. 이러한 기술이 구현된 세상을 '유택트U-tact' 시대라고도 하는데, 유택트란 유비쿼터스ubiquitous 기술로 언제 어디서나 컴퓨터 정보를 활용할 수 있도록 현실세계와 가상세계를 연결시킨다는 의미다.

게다가 디지털 시대를 지배하는 빅테크Big tech 기업들인 애플, 아마존, 메타, 구글은 이 메타버스 장비들을 대체할 미래 상품 또한 준비 중이다. 뇌는 현실세계의 시청각 정보와 가상세계의 시청각 정보를 모두 전기신호로 받아들인다. 뇌는 두 정보를 구별할 수 없는 것이다. 이러한 뇌과학 연구 결과를 토대로 일론 머스크Elon Musk의 뇌 연구 스타트업 '뉴럴링크neuralink'나 메타의 '리얼리티 랩 Reality Lab'은 뇌와 컴퓨터를 연결하는 '뇌-컴퓨터 인터페이스BCI: Brain Computer Interface' 기술 개발에 박차를 가하고 있다. 이들은 뇌에 칩을 이식해서 뇌의 전기신호를 컴퓨터나 기타 장치로 연결해 원격조종하는 기술을 개발 중이다. 스마트폰에서 스마트글래스로, 다시 BCI 장비로 한 발 앞서나가는 것을 보면 빅테크 기업들은 다 계획이 있다.

스마트폰이 출시된 지 고작 15년이 지났지만, 이 기

계는 의사소통 방식뿐 아니라 삶의 방식을 완전히 바꿔놓았다. 우리 일상에 이전까지 없었던 경험과 편리함을 제공했고 우리는 스마트폰을 신체의 일부처럼 사용한다. 이제 두 손을 자유롭게 할 스마트글래스나 BCI 장비들, 그리고 이 기계들을 통해 들어갈 메타버스가 우리 삶을 어떻게 바꿀지 상상하기 힘들고 두렵기도 하지만 기대되기도 한다.

코로나 팬데믹 시대에 우리는 물리적으로 만나지 않고서도 함께하는 비대면 사회를 구축하기 위해 메타버스를 적극 활용했다. 하지만 인간의 본능을 겨냥하여 만들어진 메타버스는 매우 중독성이 있어서 조만간 우리는 스마트폰 중독에 메타버스 중독까지 걸릴지도 모른다. 실제로 미국 Z세대의 로블록스 평균 이용 시간은 약 2.6시간으로, 이는 유튜브의 3배, 페이스북의 7배에 달하는 시간이다.* 그렇게 메타페인이 되어 유비쿼터스 가상현실Ubiquitous Virtual Reality 속에서 빠져나오기 힘들어질지도 모른다. 그러한 위험과 공포를 잘 나타낸 영화가 바로 〈매트릭스The Matrix〉(1999)다. 영화 속에서 사람들은 기계들에게 지배당해 작은 통 안에 갇혀 있는데, 머리 아래쪽의 생체 포트로 이어지는 선을 통해 사이버공간인 '매트릭스'로 연결되어 있어서 BCI 기술로 실현된 매트릭스를 실제 현실로 인

---

* 　〈바이라인 네트워크〉, 앞의 기사 참조.

지하고 살아간다.

지난 20년 동안 거대 빅테크 기업의 디지털 플랫폼은 수십억 인구를 연결해 소통을 편리하게 만들었다. 우리는 몸의 일부가 된 스마트폰을 들고 구글로 검색하고 아마존에서 물건을 배송받고 페이스북으로 소통해왔으며, 이제는 메타버스 세상을 열어가고 있다. 그런데 빅테크 기업들의 목적이 과연 우리가 메타버스 속에서 즐거움을 얻는 것일까? 그들이 내거는 암 치료, 가난 퇴치, 우주 탐사 같은 것은 명분에 불과하다. 그들이 수많은 자본을 투자해 메타버스 플랫폼을 만드는 것은 새로운 가치 창출, 쉽게 말해 돈 때문이고 스마트폰 판매량이 감소하고 있기 때문이다.

IT시장조사업체 카운터포인트리서치의 자료에 따르면 2020년 세계 스마트폰 출하량은 3년 새 15%가량 뒷걸음질했다.* 가장 큰 이유는 스마트폰 교체 주기가 길어져서다. 최근 기술이 상향 평준화하면서 업체별 신제품의 성능 차이가 두드러지지 않고, 1년 전 출시한 전작과 비교할 때 별다른 차별점이 없어서 굳이 바꿀 필요가 없으니 2년

---

* 2021년 글로벌 스마트폰 시장은 일부 지역에서 보복소비Revenge spending로 전년대비 성장했지만 여전히 코로나19 이전보다 적은 수준에 머물렀고, 하반기 매출이 전년 동기 대비 10.6% 감소했다고 한다. (기사 「2021년 글로벌 스마트폰 출하량 13억 9,000만대…삼성전자는?」-〈디지털데일리〉 2021년 1월 28일 게재, 기사 「2021년 회복된 글로벌 스마트폰 시장」-〈GFK〉 2022년 2월 24일 게재 참조)

영화 〈매트릭스〉 포스터

사이버공간과 현실세계의 역전

영화 〈매트릭스〉에서 인간은 기계에게 지배당해 작은 캡슐에 갇혀 사이버 공간을 현실세계로 착각하며 살아간다.

에 한 번씩 바꾸던 것이 3년 정도로 길어진 것이다. 또한 스마트폰을 살 사람들은 이미 모두 산 상태라서 이제 보급률이 낮은 지역의 경제적으로 어려운 사람들에게 팔아야 하는데, 코로나 팬데믹으로 양극화가 세계적으로 심화되어 그들은 살 능력이 없어졌다. 올해 2022년에도 글로벌 스마트폰 시장은 역성장하고 있는데, 그 원인이 시장 포화에 기인한다는 의견들이 있다.[*] LG전자는 성장 정체기에 놓인 스마트폰 사업을 21년 7월부로 접었다. 요약하면, 스티브 잡스가 2007년 아이폰을 들고 나온 이후 스마트폰은 발전의 한계에 부딪쳐 더 이상 근본적인 혁신을 이룰 수 없게 되었다. 정체나 다름없는 상태에 머물면서 기업들은 새로운 시장을 개척하기 위해 메타버스 구축에 열을 올리고 있는 것이다

뉴욕대학교 경영학 교수 스콧 갤러웨이Scott Galloway는 《플랫폼 제국의 미래》에서 아마존, 애플, 페이스북, 구글이라는 4대 거인들이 현대적인 기술을 총동원해 우리의 삶을 편안하게 만들어주는 듯하지만, 이들은 돈을 버는 기업일 뿐 친구나 조력자는 아니라고, 절대 착각하지 말라고 경고한다. 그는 한국 언론과의 인터뷰에서 "거대한 공룡

---

[*] 기사 「올해 글로벌 스마트폰 시장 역성장 전망, 왜?」-〈이코리아〉 2022년 6월 6일 게재 참조.

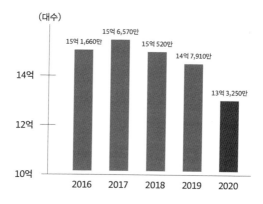

세계 스마트폰 시장 규모의 변화

(대수)

- 15억 1,660만 (2016)
- 15억 6,570만 (2017)
- 15억 520만 (2018)
- 14억 7,910만 (2019)
- 13억 3,250만 (2020)

자료 출처: 카운터포인트리서치

가상현실(VR), 증강현실(AR) 시장 전망

*단위: 달러

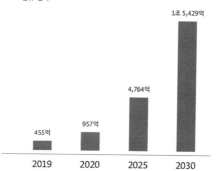

- 455억 (2019)
- 957억 (2020)
- 4,764억 (2025)
- 1조 5,429억 (2030)

자료 출처: 기사, 「스마트폰 다음은 메타버스? '고단한 현실의 탈출구 된 가상 천국'」-<한국일보>,
2021년 8월 16일 게재.

스마트폰 시장의 축소와 가상현실·증강현실 시장의 전망

스마트폰 시장의 하락세는 새로운 시장에 대한 요구를 낳았는데, 이에 부응하는 것이 바로 급격히 성장하는 메타버스 관련 산업이다.

이 된 이들 기업에 제동을 걸 견제 장치가 없다"고 지적하면서 "우리가 내주는 정보가 이들에겐 그저 돈벌이 수단일 뿐"이라고 비판한다.* 강력한 플랫폼과 자금력을 바탕으로 인간의 본능을 파고들어 끝없이 사업을 확장하고 일자리를 없애고 세금을 회피하며, 수집한 우리의 정보를 유출하고 아이들을 소셜미디어 중독 위기에 내몬다고 역설한다. 설령 우리가 메타페인이 되어 현실을 잊고 그곳에 갇혀 결국 우울과 불행에 빠질지라도 돈만 벌 수 있다면 그들은 멈추지 않을 것이다. 다행히 4개 플랫폼 기업의 사업 확장을 강력하게 저지하는 법안이 2021년 6월 11일 미국 하원의회에서 발의되어 곧 상원을 통과할 것이며** 유럽연합에서도 글로벌 빅테크 기업을 겨냥한 규제 법률 제정에 합의했다는*** 소식도 있지만, 그들의 야만적인 진격을 멈추게 하진 못할 것이다.

현재 메타버스에 관한 논의는 거의 아무런 방해도 비판도 받지 않고 있다. 자본주의는 기본적으로 자유롭게 놓

---

* 기사 「아마존·구글·애플·페이스북 4대 공룡…경제 생태계 위협」 -(이데일리) 2019년 1월 2일 게재.

** 기사 「미국 빅테크 규제법 급물살… 이달게 상원 통과할 듯」-(연합뉴스) 2022년 6월 9일 게재 참조.

*** 기사 「EU, 빅테크기업 겨냥한 디지털 규제법 마무리…무사히 집행될까」-(Ai타임스) 2022년 7월 5일 게재 참조.

아두면 인간을 잡아먹는 야수다. 예를 들어 우리나라는 21년째 산재사망률 1위이다. 김누리 교수는 이것은 너무나 치욕적인 기록이라며 "영국은 2008년 '기업살인법'을 만들고 기업에 책임을 물어 산재사망률을 줄였으나, 현재 한국의 산재사망률은 영국의 25배"라고 설명했다.* 이러한 오늘날의 '야수자본주의Raubtierkapitalismus'는 우리를 어디로 데려가고 있는가? 자본주의를 신봉하는 기업들이 보여줄 새로운 메타버스 세상은 과연 무엇일까? 메타버스가 만들 비대면 사회는 과연 우리에게 좋은 것일까? 사이버공간이 우리 삶을 풍요롭게 할 수 있을까? 메타버스 같은 사이버공간이 현실세계를 점점 잠식해갈 것이므로, 우리는 사이버공간에 대해 비판적으로 이해해야 한다.

디지털 대항해시대

뇌는 자기가 편한 현실로 도피하는 경향이 있다고 한다. 김대식은 '2021 서울미래컨퍼런스'에 참석하여 "Z세대는 사람과 관계를 맺기 전에 아이패드나 스마트폰을 먼저 경험한 세대"이며 이들의 고향은 대한민국이 아니라 인

---

* 기사 「김누리 교수, "인간의 삶 잡아먹는 '야수 자본주의'에 맞서야"」 -〈인천투데이〉 2020년 8월 13일 게재.

터넷이라고 말한다. 따라서 아날로그 현실이 불편하면 디지털 현실인 메타버스로 언제든지 도피할 가능성이 높다고 분석한다. 그는 15세기 말 콜럼버스가 새로운 대륙을 찾아 '대항해시대'를 연 것처럼, 작금의 Z세대가 메타버스로 들어가면서 호모 사피엔스의 새로운 여정, 디지털 세계를 향한 대항해시대가 본격적으로 시작되었다고 본다.

그런데 그들은 왜 떠나는 것일까? 메타버스에서는 현실세계의 물리적 한계나 윤리적 제약 등에서 벗어날 수 있다. 또한 메타버스에서는 연인과 헤어지거나 결혼에 실패하거나 사업이 망하더라도 괴로워하거나 이혼하거나 파산할 필요가 없다. 자신이 남긴 쓰레기를 치우지 않고 훌쩍 떠나도 아무 문제도 없고 자원 고갈이나 기후 위기 같은 복잡한 문제를 걱정할 필요도 없다. 어쩌면 메타버스 속의 삶이야말로 우리가 가장 완벽하게 통제한 삶일 수 있다. 우리가 우리 운명의 진정한 주인이 되는, 현실세계에서는 거의 불가능한 일이 가능한 것이다. 메타버스가 보여주는 이러한 가능성과 매력은 거부하기 힘들다. 실제로 미국 10대들은 현실에서 친구를 만나는 것보다 메타버스 세계인 로블록스 안에서 더 많은 시간을 보낸다고 한다.

Z세대를 비롯해 젊은 세대가 디지털 세계로 떠나는 이유는 코로나 팬데믹으로 방에 갇혀 심심하고 지루한 탓도 있겠으나 그보다는 현실의 삶이 너무 힘들기 때문이라

는 분석이 많다. 《메타버스》의 저자 김상균은 코로나19로 탐험하고 싶고 만나고 싶고 이루고 싶은 꿈들이 좌절되자 물리적 지구 대신 디지털 지구를 만들었다고 본다. 자유로운 메타버스에 비해 현실은 고된 지옥이다. 플랫폼 노동의 증가로 오히려 노동은 불안정해졌고 안정된 직장을 구하기도 어렵다. 숨 쉴 틈 없이 자기계발을 강요당하지만 미래를 기약할 수 없다. 연애처럼 세심한 관계를 맺을 에너지도 없고 코로나로 여행조차 다닐 수 없다. 이미 치솟을 대로 치솟은 부동산 가격은 노동 소득으로는 닿을 수 없이 비싸다. 이처럼 답답한 현실에서 도피하듯 메타버스로 떠나는 것이다. Z세대는 이제 막 상주하기 시작한 신대륙 메타버스에서 연애와 결혼을 하고, 부동산을 사고 팔며, 기업을 만들어 사업을 한다. 그들을 따라 BTS와 블랙핑크도, 샤넬 같은 유명 브랜드와 기업 들도 메타버스로 들어갔거나 들어가는 중이다. 메타버스는 지금 신대륙에 비견되는 기회의 땅이다.

영화 〈레디 플레이어 원〉의 주인공 웨이드 와츠Wade Watts는 시궁창 같은 현실에서 벗어나기 위해 가상공간을 기반으로 한 게임 '오아시스'에 접속한다. 《스노크래시》의 주인공 히로는 현실세계에서는 조그만 임대 창고에서 살지만 메타버스에서는 커다랗고 좋은 집을 가질 수 있어서 오아시스에서 대부분의 시간을 보낸다. 현실을 사는 괴로움을 잊게 해주기 때문이다. MZ세대(밀레니얼 세대와 Z세대)들은 꿈을 이루기 힘든 현실에 좌절하여 물질적 지구를 혁신하기보다 디지털 지구에 열광하는 것 같다.

　디지털에 익숙한 MZ세대는 노력해도 희망이 보이지 않는 저성장 시대 그리고 이미 도래한 기후위기 시대의 문제를 해결하기가 막막해서 메타버스로 도피하는 경향을 보이는 건 아닐까? 작가이자 환경운동가인 김한민은 우리가 기후위기에 대한 해결책을 알면서도 그 과업의 크기에 압도돼 비관에 빠져 있다고 말한다. 기후재난의 빈도와 강도가 높아질수록, 탈탄소화만으로는 부족해 현대 산업을 뜯어고치지 않고서는 해결하지 못한다는 걸 뼈저리게 깨달을수록 비관·방관론이 팽배해지고 있다고 분석한다.* 김대식 또한 현실에서 해결해야 할 문제들이 산더미같고 우리 힘으로 도저히 극복할 수 없는 문제들로 가득하다 보니, 화성으로의 이주를 꿈꾸거나 '메타버스'라는 디지털 현실로 도피하려는 움직임이 일어나고 있다고 말한다.**

　이러한 탈현실화 경향은 현실 문제가 심각할수록 더 강해지는 것 같다. 기술심리학 분야의 선구자 셰리 터클

---

*　칼럼 「[김한민의 탈인간] 희망에 대해 말씀드리지요」-〈한겨레〉 2022년 8월 21일 게재 참조.

**　김대식, 《메타버스 사피엔스》, 동아시아, 2022, 15쪽 참조.

Sherry Turkle은 우리 중 많은 수가 현실 문제를 해결하는 대신, 비현실적 공간에 투신하기를 선택하는 것 같다고 우려한다. 그는 젊은이들이 마음먹은 대로 되지 않으면 언제든 떠날 수 있는 가상세계의 미로를 도시의 거리보다 안전하게 느끼고 그러한 세계에서의 가상섹스를 다른 어떤 섹스보다 안전하게 여긴다고 말한다.*

　일론 머스크는 기후변화로 폐허가 된 지구를 버리고 화성으로 도망가자고 사람들을 설득하고, 어떤 사람들은 현실세계에 대한 기대를 접고 디지털 세계로 이주하고 있다. 그러나 지구는 인간이 살 수 있는 유일한 행성이다. 영화 〈월-E WALL-E〉에서처럼 쓰레기장인 지구를 버리고 떠나더라도 갈 곳은 없다. 물질적 속박에서 벗어나 초연한 정신세계에서 살 수 있는 것처럼 보이지만, 물질 없이는 정신도 존재할 수 없다.

---

* 　Turkle, Sherry, 「Virtuality and Its Discontents: Searching for Community in Cyberspace」, The American Prospect 24, 1996, 50~57.

디지털 휴먼의
딜레마

사라지는 사람들, 외로워지는 사람들

코로나 이전에도 디지털 기술은 우리의 일상에 깊이 침투해 있었다. 스마트 기기는 내 몸 상태를 실시간으로 체크해주고, 식당·공연·병원·은행 등의 예약을 잡아주고, 약속 날짜를 비롯해 세세한 일정을 상기시켜 주었다. 사람들과 대면하지 않고도 음식이나 커피를 주문할 수 있는 식당과 카페는 이미 많았다. 기차나 버스를 탈 때도 매표소를 이용하거나 역무원과 대화할 필요도 없었다. 아마존은 이미 2016년에 세계 최초의 무인 식료품점 '아마존 고Amazon Go'를 만들었다. 물질세계에서 사람들 사이의 대면 거래와 상호작용은 디지털 인터페이스를 통해 완성되었다.

코로나 팬데믹 이후 이러한 비대면 경향은 가속화되었다. 식당, 카페에서는 사람 대신 키오스크나 로봇이 주문을 받으며 우릴 응대한다. 택배와 음식 배달도 비대면 배송이 원칙, 뉴노멀이 되고 대면 배송이 예외적인 일이되었다. 이렇게 사회가 완전 딴판으로 바뀔 수 있다는 것도 신기하지만, 그것에 바로 익숙해지는 인간의 적응력도 놀랍다. 사람들이 붐비던 영화관은 폐관 직전까지 몰렸으며, 각자 집에서 OTT 플랫폼으로 영화를 본다. 미술관은 예약 관람을 도입하여 관람객들의 대면을 최소화했다. 영화관과 미술관에는 사람 구경하는 재미, 어울려서 몰려다

니는 재미가 있었는데 말이다. AI가 관리하는 스마트 빌딩은 사람들의 동선을 모니터링하여, 출구와 입구를 조정하면서 사람들의 대면이 줄어들도록 분산시킬 수 있다.

이렇게 한때 학교와 직장, 관광지와 거리에서 사람들이 일순 사라졌었다. 사람을 대면하기가 정말 어렵던 시기가 있었다. 가상세계, 메타버스에 들어가면 볼 수 있다고? 친민의 말씀이다. 사람들은 자신의 진짜 얼굴 대신 아바타와 디지털 객체로 자신을 표현하는 것에 익숙해져가고 있다. 아바타를 움직이는 건 현실에 존재하는 사람들이라고 확신할 수도 없다. 정세진, 릴 미켈라, 마스쿳, 임마 등은 모두 가상의 연예인 혹은 인플루언서인 디지털 휴먼들이다. 디지털 휴먼을 인간 모습의 데이터베이스 정도로 생각해서는 안 된다. 이들은 인간의 감성을 읽고 정서적 대화가 가능한, 진짜 인간을 대체하고 있는 존재들이다. 이제 우리는 인간 이외에 다른 부류의 존재들(가상의 존재, 동물, 기계, 아바타, 홀로그램, 로봇, 인공지능)과 맺는 관계에 주목해야 한다.

디지털 원주민 인구가 점점 늘어나고 디지털 자동화역시 폭발적으로 증가 중이다. 《머신 플랫폼 크라우드》의 저자이자 MIT 교수인 앤드루 맥아피Andrew McAfee와 에릭 브린욜프슨Erik Brynjolfsson은 로봇공학에서 캄브리아기 대폭발 같은 현상이 펼쳐지고 있는 중이라고 말한다. 그들은 캄브리아기 대폭발을 촉발한 가장 중요한 요인으로 '시각'을 뽑는다. 생물에게 처음으로 '보는 능력'이 진화한 시기였고, 덕분에 엄청난 새로운 능력을 갖추게 된 것이다. 로봇과 인공지능 전문가인 길 프랫Gill Pratt은 기계도 지금 비슷한 문턱에 서 있다고 말한다. 역사상 처음으로 기계는 보는 법을 배우고 있으며, 시각 덕분에 많은 혜택을 얻고 있다고 본다.[*] 라벨링된 데이터를 통한 학습 기반의 인공지능 덕분에 기계가 세상을 알아보기 시작하는 시대가 도래하고 있다.

로봇 캄브리아기 대폭발의 추진력은 데이터, 알고리즘, 클라우드, '하드웨어의 기하급수적 향상Exponentially improving hardware'에서 온다. 기계가 보는 법을 학습함에 따라 로봇, 드론, 자율주행 자동차 같은 온갖 자동 장치 등에서 캄브리아기 대폭발을 일으키고 있고, 이 로봇 기계들은 사람 대신 따분하고 지저분하고 위험한 일을 한다. 인공지능의 창의력도 급격하게 상승해 음악을 작곡하고 그림을 그리고 소설을 쓰고 유용한 과학적 가설을 세우는 등, 인간의 창의력이 필요하다고 여겨지는 일들에 발을 내딛기 시작했다. 사람은 점점 줄어들고 기계가 번성 중인 것이다.

《코로나 사피엔스》의 저자들은 사회적 거리두기와

---

[*]   앤드루 맥아피·에릭 브린욜프슨, 《머신 플랫폼 크라우드》, 이한음 옮김, 청림출판, 2018, 121쪽 참조.

비대면의 일상화가 신인류의 삶이 될 것이라고 입을 모은다. 팬데믹 시대에 비대면을 받아들이지 않으면 목숨에 위협까지 느낄 수 있기 때문이다. 이제 모르는 사람과 어느 정도 거리를 두는 일상이 정착될 것이고, 접촉을 최소화하면서 일하는 방법의 상용화가 가속화될 것이라고 내다본다. 인류의 생활공간이 디지털 플랫폼으로 옮겨가는 것은 언택트(비대면), 즉 오늘날 바이러스 선파를 차단하는 방법과도 일치하기 때문이다. 디지털 문명의 확대는 정해진 미래라고 여기면서 디지털 플랫폼으로 삶의 공간을 점차 옮겨가고 있는 이들이 많다. 그런데 그곳에서의 삶은 전보다 좋아지지 않은 것 같다.

OECD(경제협력개발기구)가 발표한 삶의 질에 관한 보고서인 〈How's Life? 2020〉은 회원국의 생활 수준이 어느 정도인지를 비교해 보여주는데, 어려움이 생겼을 때 의지할 수 있는 친구나 친척이 있는지와 관련한 점수에서 '없다'라고 보고한 사람의 비율은 한국이 19.2%로, OECD 평균인 8.6%를 크게 웃돌고 있다. 이것은 회원국 중 최고치였다.[*] 한국은 외로운 IT 강국의 대표적 예라고 할 수 있다. 디지털 문명의 엄청난 번영에도 삶의 질은 좋아지지 않는 사회, 행복하지 않은 선진국이란 의미다. 연결과 소통

---

[*]　〈How's Life? 2020〉 중 '한국의 삶의 질', OECD iLibrary, 2020 참조.

의 편리를 제공하는 디지털 기술은 이러한 방식으로 우리를 배신한다. 어디서든 연결되고 소통할 수 있는 스마트폰을 손에 쥔 인간들은 오히려 대화를 잃어가고 있다. 디지털 연결이 많아지는 초연결사회는 사람들을 갈수록 외롭고 우울하게 만드는 역설적인 상황을 초래하고 있다.

한국전자통신연구원의 하영욱이 세대별 외로움 지수를 조사한 결과, Z세대(18~22세)는 48.3, 밀레니얼세대(23~37세)는 45.2, X세대(38~51세)는 45.1, 노인층(72세 이상)은 38.6으로 나타났다고 한다. SNS를 가장 많이 이용하는 Z세대가 외로움 지수가 가장 높았는데, 이는 현재의 SNS로는 외로움을 줄이기 어렵다는 사실의 반증이라 할 수 있다.[*] 외로움 해소의 가장 좋은 방법은 사람과의 대면 접촉이지만, 팬데믹으로 인한 사회적 고립 때문에 전 연령층이 전염병 수준으로 외로움을 느끼고 있으며, 외로움은 다시 중증 우울증으로 발전하고 있다. 셰리 터클은 《외로워지는 사람들》과 《대화를 잃어버린 사람들》에서 디지털 커뮤니케이션 기술이 인간관계를 희석시켜 사람들의 외로움이 가속화되고 있다고 분석한다. 이러한 역설적인 상황에 대한 고민과 성찰은 뒤로 밀려나는 중이며, 사람들은

[*] 하영욱, 〈기술정책 이슈 2020-06 비대면 사회의 변질: 접촉포비아 사회, 기회와 위협〉, 한국전자통신연구원, 2020, 15쪽 참조.

무조건 편하고 재미있고 효율적인 디지털 기술을 추종하고, 이를 간파한 기업들은 문제 상황에는 관심이 없고 돈을 벌 수 있는 새로운 디지털 기술을 창안하느라 바쁘다.

인간 문명 발달에는 두 가지 트렌드가 있다고 한다. 하나는 문명이 발달할수록 인간의 삶은 더 안전해진다는 것이고, 다른 하나는 점점 우울해진다는 것이다. 직관적으로는 문명이 발달할수록 행복해질 것 같지만 현실은 반대라는 말이다. 왜 그럴까?

앞서 이야기한 '던바의 수' 즉, 평범한 개인이 어느 정도 친밀한 관계를 안정적으로 맺고 유지할 수 있는 적정한 사람의 수는 약 150명이다. SNS를 통해 이러한 최대치를 넘어서는 수천 명과 교류하더라도 마음을 열고 소통할 수 있는 사람의 수가 150명이라는 사실에는 변함이 없다. 던바가 고안한 '던바 서클Dunbar Circle'에 따르면 인간의 관계망은 정서적 친밀도에 따라 몇 가지 층위로 구성된다. 가장 안쪽의 층위부터 차례대로 설명하면 가장 믿고 의지하는 '절친한 친구'는 5명, '친한 친구'는 15명, '좋은 친구'는 50명, '친구'는 150명(던바의 수), '알고 지내는 사람'은 500명 순으로 점점 수가 많아진다. 맨 바깥쪽 층위인 '이름이나 얼굴만 아는 사람'은 1,500명에 이른다. 던바는 사교 시간의 60% 이상은 절친한 친구 5명에 할애되며, 이 구조는 오프라인 커뮤니티는 물론 온라인 소셜 네트워크에

던바 써클

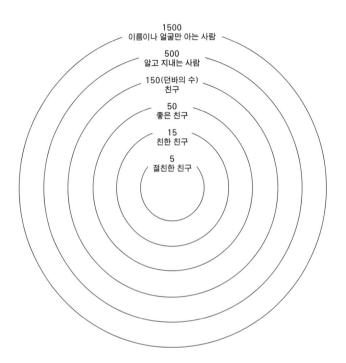

관계의 성격과 범위

관계의 성격과 관계를 맺을 수 있는 사람의 수를 정리한 원으로, 친밀도에
따른 관계집단의 층위를 나타낸다. 원의 안쪽으로 갈수로 친밀한 사이를
가리킨다.

도 똑같이 적용된다고 한다.*

　가장 믿고 의지하는 '절친한 친구', 즉 내가 위험에 처했을 때 자신도 위험할 수 있지만 나를 도와주는 진정한 친구는 5명 정도다. 그런데 야생동물의 세계에서는 사냥이나 서열 싸움을 통해 진정한 친구가 누구인지 금세 드러나지만, 문명화된 인간 사회에서는 목숨이 위험한 경우가 드물어 누가 진정한 친구인지 쉽게 알 수 없다. 던바는 사회가 안전해지고 목숨을 위협받는 경우가 드물어져 무임승차하는 친구들을 걸러낼 기회가 없어졌고, 그 때문에 진정한 친구가 누구이고 누가 나를 배신할지 알 수 없는 데에서 오는 불안감이 현대사회 우울증의 기원이라고 본다.** 던바의 관점에 따르면 소셜미디어를 통해 만나는 비대면 친구가 늘어날수록 불안감은 오히려 증가할 것이고, 우울증과 외로움도 동반 상승할 것임이 분명하다.

　던바의 연구는 사회적 털 고르기, 현존하는 몸들끼리의 접촉 유무 및 빈도와 직접적으로 연관된다. 이것을 철학자 휴버트 드레이퍼스Hubert Dreyfus의 관점으로 더 깊게 살펴보자. 드레이퍼스는 《인터넷의 철학》에서 우리 삶

---

*　기사 「"친구 한도는 150명" "더 많다"…'던바의 수' 두고 공방」-(한겨레), 2021년 5월 21일 게재 참조.

**　기사 「김대식 "우리가 믿는 사랑은 과연 사랑일까?"」-(경향신문) 2015년 7월 12일 게재 참조.

이 지닌 최대의 의미는 신체가 현전presence하는 현실세계에서 위험을 감내하는 진정한 헌신 속에서 찾을 수 있으며, 인터넷상에서 아바타(가상 신체)의 익명성과 안전성은 필연적으로 그러한 진지한 의미를 결여시킨다고 말한다. 따라서 탈신체화된 원격 현전 속에 살아가는 현대인들은 삶의 의미와 보람을 잃고 우울증과 허무주의에 빠지기 쉽다. 익명성과 안정성이 매력인 사이버공간에서는 현실세계에서 찾을 수 있는 위험을 무릅쓴 우정과 헌신은 기대할 수 없다. 사이버공간에서는 친밀감과 신뢰가 희미해지므로 그 세계에 거주하는 사람들의 불안과 외로움, 우울증과 허무주의는 클 수밖에 없다.

카네기멜론대학교 교수이자 인간-컴퓨터 상호작용 연구소의 로버트 크라우트Robert E. Kraut를 비롯해 여러 연구자들은 인터넷이 사회에 좋은 영향을 미칠 것이라는 예상과 달리, 인터넷에 접속하는 사람들은 고립감과 우울함을 느끼며, 접속이 많을수록 상태가 더 나빴다는 연구 결과를 발표했다.[*] 우리는 보다 폭넓은 연결과 소통을 위해 인터넷을 사용하지만, 인터넷에 접속하는 시간이 길어질수록 현실세계에서의 소통은 감소하고 사교 집단은 축소

[*]   Kraut, Robert·Patterson, Michael,·Lundmark, Vicki·Kiesler, Sara·Mukopadhyay, Tridas·Scherlis, William, 「Internet Paradox」, The American Psychologist 53.9, 1998, pp. 1017~1031.

되면서 우울증과 외로움이 증가한다는 것이다. 사람과 사람이 직접 가까운 거리에서 신체적으로 관계하지 않기 때문이다. 크라우트는 이것을 '인터넷 역설Internet Paradox'이라고 부른다. 뇌과학자와 심리학자의 연구에 따르면, 포옹과 같은 신체적 접촉은 우리 뇌에서 엔도르핀, 세로토닌, 옥시토신 등 행복감을 느끼게 하는 호르몬을 유발한다. 따라서 신체적 접촉이 줄어들면 행복감을 느끼는 호르몬의 분비도 줄어들어 정서적인 우울감 등에 봉착하게 된다.

디지털의 원죄, 몸의 소외

디지털 세계에서 우리 몸은 우울해질 뿐만 아니라 무능해진다. 이는 디지털 기술의 특성과 한계 때문이다. 모든 도구는 중립적이지 않다. 과학·기술철학자 돈 아이디Don Ihde는 《테크놀로지의 몸》에서 인간과 기술의 상호작용을 주장하면서 기술 존재 자체의 역할과 특성에 주목한다. 기술이 인간의 감각을 확장하거나 축소하므로, 기술은 우리 마음대로 할 수 있는 가치중립적인 단순한 도구가 아니다. 우리의 지각과 의식은 기술의 지향적 자장 범위 내에 있다.

현대 디지털 문명은 몸의 소외를 가속화한다. 모든 정보가 디지털 기기에 있다 보니 사람들은 손가락만 사용하고 몸은 점점 무능해진다. 많은 이들이 인공지능의 시대가 열리면 대부분의 육체노동은 기계가 담당할 것이라고 전망한다. 평론가 고미숙은 디지털 문명 덕분에 우리는 육체노동의 고단함으로부터는 해방되었으나, 육체적 에너지를 발산할 장이 없다는 모순을 맞이하게 되었다고 말한다. 신체를 혹사시켜 기진맥진하는 것도 문제지만 몸에 있는 기운을 제대로 사용하지 못한 채 저녁을 맞이하는 현대인은 그 때문에 지나친 회식과 쇼핑 같은 행위 없이는 잠들지 못한다고 지적한다.* 종일 손가락으로 디지털 기기만 터치하면서 일을 수행하다 보면 몸의 기능은 약화되거나 둔화되고, 부실하고 생기 없어진 몸으로 삶을 긍정하기란 불가능하다. 디지털 문명이 가속화되면서 불가피하게 겪어야 하는 몸의 소외는 현대사회의 인간이라면 피할 수 없는 시대적 숙명처럼 보인다.

　기계가 물질세계에서 더 많은 일을 하게 될수록 인간은 점점 덜 일하게 될 것이다. 로봇이 가득한 세계에서 인간은 무엇을 할까? 뇌를 사용할까? 디지털 매체 시대에 기억과 관련해서 가장 많이 논의되고 있는 새로운 증상 중 하나가 '디지털 치매Digital Dementia'다. 말 그대로 디지털 시대에 새롭게 나타난 기억력의 쇠퇴를 뜻한다. 디지털 치매는 휴대폰과 컴퓨터 등 디지털 매체에 지나치게 의존한

---

*　　기사 「백수는 미래다!」-《월간중앙》 2016년 3월 17일 게재 참조.

나머지 기억력과 계산 능력이 크게 떨어지고, 과다한 정보 습득으로 인해 각종 건망증 증세가 심해진 상태를 의미한다. 일찍이 플라톤Plato이 문자의 등장과 더불어 걱정했던 인간의 기억력 쇠퇴와 기억하고자 하는 의지의 소멸이 현실의 문제가 되고 있는 것이다. 이제 빨리 기억하는 능력보다 중요한 능력은 빨리 찾아내는 능력이다. 기억과 사유보다는 검색과 다운로드가 중요하다. 디지털 시대에 몸은 무거워지고 사유는 가벼워진다. 한마디로 몸과 정신은 무능해진다.

트랜스휴머니스트들인 한스 모라벡Hans Moravec, 레이 커즈와일Ray Kurzweil, 맥스 모어Max More 등은 탈신체화된 존재가 인간 진화의 완성 단계라고 본다. 그들에게 인종·민족·언어·문화적 정체성, 그리고 질병·노화·죽음 등과 얽매인 신체를 떠날 수 있다는 생각은 매력적이다. 사이먼 영Simon Young은 《디자이너 진화: 트랜스휴머니스트 선언Designer Evolution: A Transhumanist Manifesto》에서 "휴머니즘이 우리를 미신의 쇠사슬에서 해방하였듯이, 트랜스휴머니즘이 우리를 생물학적 쇠사슬에서 해방하게 하자"고 일갈한다.[*] 그들은 육체를 영혼의 감옥으로 여긴 플

---

*   Young, Simon, 《Designer Evolution: A Transhumanist Manifesto》, Prometheus, 2005, p. 32.

라톤의 연장선에서 탈신체화를 찬양한다.

그런데 우리는 몸 없이 살아갈 수 있을까? 몸은 세계의 배경에서 조용히 작동하면서 우리가 세계를 감각하고 이해하고 상호작용하게 만든다. 우리 몸은 이 모든 것을 노력도 없이, 우리가 사는 세계에 구석구석 스며든 채로 성공적으로 해내기에, 우리는 몸의 역할을 눈치채기 힘들다. 병이 나거나 통증을 느껴 몸이 제 기능을 하지 못할 때야 비로소 몸의 역할과 소중함을 깨닫는다. 우리가 사이버공간에서 신체 없이도 잘 지낼 수 있다고 생각하기 쉬운 이유다. 우리의 '체화된 인지embodied cognition'가 우리 세계에 너무도 깊이 스며들어 있기에, 몸이 어떻게 우리로 하여금 세계를 이해하게 만드는지 우리는 눈치채지 못한다.

접촉과 공감

인간에게 가장 중요한 것은 우선 몸이다. 그래서 배를 채우는 것, 안전, 사회적 동지*는 필수다. 우리의 고귀한 삶은 일단 이 기본적인 것들이 충족된 후에야 시작되

---

* 사회적 관계에서 위험에 처했을 때 위험을 무릅쓰고 도움을 주는 친구. 집단에서의 사회적 문제를 해결할 때 필요한 동지.

며, 이를 위한 유대와 보살핌, 애착과 공감은 삶의 근본을 이루는 본능이다. 우리는 살아남기 위해 다른 사람에게 아주 많이 의존한다. 인간은 안전을 위해 뭉친다. 안전은 사회생활의 첫 번째 이유이자 가장 중요한 이유다. 그러나 코로나 팬데믹은 안전을 위해 접촉을 피해 흩어지도록 만든다. 우리가 아무리 안전과 편리를 위해 직접 접촉을 회피하는 디지털 세상에 살디라도, 우리는 여선히 유대와 보살핌, 애착과 공감에 목말라하는 심리적 욕구와 욕망을 공유하는 동물이다. 팬데믹 때문에 흩어져 살면서도, 뭉쳐서 유대를 돈독히 하고 싶은 참을 수 없는 욕망 때문에 얼마나 괴로웠는가. 우리는 생존과 편리함 때문에 몸의 소외라는 디지털의 한계에도 불구하고, 사람들과의 접촉을 통한 이해와 공감을 찾아 디지털 세계에 강박적으로 매달렸다.

동물학자이자 영장류학자인 프란스 드 발Frans de Waal의 《공감의 시대》에 따르면 우리는 포유동물, 즉 필연적으로 어미의 보살핌을 받아야 하는 동물이다. 보살핌과 유대감은 우리의 생존에 굉장히 중요한 가치를 지니며, 그중 어미와 자식 사이의 유대감이 가장 결정적인 역할을 한다. 어떤 포유류든 어미는 새끼의 추위, 배고픔, 위험에 즉각 반응해야 한다. 이러한 반응은 어미에게서 어미로 이어져왔고, 그래서 인간의 공감 능력에는 남녀 차이가 있다고 한다. 어미 자식 간의 유대 관계는 어른 간의 유대 관계를 포함해 모든 애착 관계의 진화적 원형이다. 공감은 부모의 돌보기, 부모 자식 사이의 유대 및 애착 관계와 함께 시작되었다. 드 발은 공감은 선천적인 본능이라고 주장한다.*

공감이 본능이라는 드발의 견해는 공감이 이성이 아니라 신체로부터 시작된다는 것을 의미한다. 모여 사는 모든 동물에게는 '조율'이라는 임무가 주어지는데, 이 임무를 적절하게 수행해내는 열쇠가 '동일화synchrony'다.** 동일화는 다른 이들에게 자신을 맞추는 가장 오래된 방식이다. 집단 본능을 진화시킨 인간은 신체적 움직임을 동일화하는 것에 탁월하며 심지어 거기에서 만족감까지 느낀다. 예를 들어 다른 사람과 나란히 걸으면 자기도 모르게 같은 보폭으로 걷게 된다. 우리는 스포츠를 관람할 때 구호를 만들어 함께 외치거나 파도타기 응원을 하고, 콘서트에서 함께 박자에 맞추어 팔을 휘젓거나 떼창을 하며, 다 함께 같은 리듬으로 몸을 움직이는 에어로빅 같은 춤을 배우러 다닌다. 이는 모두 신체적이고 정서적인 동일화의 일종이다.*** 우리에게 동일화는 하품처럼 작은 신체적 움직임

---

* 프란스 드 발, 《공감의 시대》, 최재천·안재하 옮김, 김영사, 2017, 103쪽 참조.

** 프란스 드 발, 위의 책, 80쪽 참조.

*** 프란스 드 발, 위의 책, 43쪽 참조.

을 무의식적으로 따라 하는 것으로 표현될 수도 있고, 단체 여행이나 집단 이동처럼 큰 규모로도 나타날 수 있다.

동일화는 생존에 기여하고 기분을 전이시킨다. 바로 이것이 공감과 동정이 시작되는 지점이다. 공감이나 동정은 고차원적 상상력이나 내가 그 사람의 상황에 있다면 어떻게 느낄지 의식적으로 재현해보는 능력에서 비롯되는 것이 아니다.* 얼굴을 마주한 다른 사람이 뛸 때 같이 뛰고, 웃을 때 따라 웃고, 울 때 같이 울고, 하품할 때 따라서 하품하는 동일화에서부터 시작된다.

이러한 동일화와 공감을 과학적으로 뒷받침하는 것이 '거울뉴런mirror neuron'이다. 1996년 이탈리아 파르마 대학교 생리학연구소의 자코모 리촐라티Giacomo Rizzolatti 연구팀이 마카크원숭이Macaque를 관찰하면서 처음 발견한 이 신경세포는 원숭이가 직접 물건을 만질 때뿐 아니라 다른 원숭이가 물건을 만지는 걸 볼 때도 활성화되었다. 이처럼 다른 사람의 행동을 거울처럼 반영한다고 해서 거울뉴런이라는 이름이 붙여졌다. 거울뉴런은 보는 것과 하는 것의 구분, 나와 타자의 경계를 지운다. 인간의 뇌 또한 거울뉴런을 가진다.

거울뉴런을 통해 개념적 추론이 아니라 정서emotion

---

*   프란스 드 발, 앞의 책, 79쪽 참조.

를 통해서 즉, 사고를 통하지 않고 타인의 정신을 파악할 수 있다. 우리는 타인의 행위를 보고(읽고) 순간적으로 공명한다. 하품, 웃음, 기분 등은 전염성이 있다. 이러한 공명에는 해석이나 선택은 필요 없다. 거울뉴런이 일으키는 직접적 소통은 자신의 몸과 비슷한 몸을 볼 때 작동한다. 고양이가 하품하는 것을 본다고 우리가 따라 하품하지는 않는다. 동일화는 다른 사람의 움직임을 따라 하는 흉내내기, 모방 능력을 기반으로 일어난다. 그 사람의 상황, 감정, 행동에 이끌려 똑같은 상황, 감정, 행동을 취하게 되면, 즉 모방하게 되면 공감하게 되고 친밀한 관계가 형성된다.

그래서 다른 이들에게서 뭔가를 배울 때 모방과 접촉은 매우 중요하다. 모방할 때 유인원들은 서로 얼굴을 맞대고, 기대고, 손을 잡고, 맛보고, 냄새를 맡는다.* 모방은 실제로 살아 있는 신체와의 일치화identification를 필요로 한다.** 동물의 인지 작용은 이렇게 신체를 통해 일어난다. 생물학자이자 철학자인 프란시스코 바렐라Francisco J. Varela는 이를 '체화된 인지'라고 부른다. 일반적으로 서양 전통 철학에서는 몸을 뇌의 주변장치로 간주하지만, 그는 인지가 감각 운동 능력을 지닌 신체를 통해 나타나는

---

*   프란스 드 발, 앞의 책, 92쪽 참조.

**   프란스 드 발, 앞의 책, 86쪽 참조.

경험에 의존한다고 주장한다.[*] 신체의 일치화를 통해 우리는 자기도 모르는 사이에 주변 사람의 신체에 들어가고, 그들의 행동이나 감정이 마치 우리의 것인 양 우리 안에서 공명한다.[**] 이것이 바로 공감이다. 예를 들어 줄을 타는 곡예사의 묘기를 아래에서 지켜보는 우리는 그의 몸에 간접적으로 들어가 그의 경험을 공유한다. 그래서 그가 발을 헛디디면 마치 내 몸이 그런 듯 놀라 소리를 지르는 것이다. 독일어는 이 과정을 'Einfühlung(들어가 느낀다)'이라는 단어로 표현하는데, 영어로 번역하면 공감empathy이다.[***] 이러한 공감은 다른 사람이 나 자신인 것처럼 무의식적으로 느끼는 것이다.

소설 속에서 인물에 관한 묘사나 이야기를 읽을 때 인물이 어떻게 느끼고 생각하는지 진심으로 이해하는 것은 상상력이 아니라 그 인물의 신체에 들어가는 신체적인 정서적·감정적 공감에서부터 시작한다. 드 발은 상상이 공감을 이끌어내는 것이 아니라고 강조한다. 공감은 무엇보다도 먼저 신체적인 정서적·감정적 교감을 필요로 한

---

[*]   프란시스코 바렐라 외, 《몸의 인지과학》, 석봉래 옮김, 김영사, 2013
      참조.
[**] 프란스 드 발, 앞의 책, 94쪽 참조.
[***] 프란스 드 발, 앞의 책, 100쪽 참조.

다. 신체적 연결에 의한 동일화가 일어나면 정서와 감정이 생기고, 그다음에 이해가 뒤따른다.[*]

공감은 순수하게 지성적인, 대뇌피질 작용의 산물이 아니다. 그래서 스크린 너머보다는 직접 만났을 때 상대방의 감정 표현을 더 정확히 읽어내고, 목소리에 더 잘 반응하고, 양심의 가책을 더 크게 느끼고, 타인의 관점에 더 포용적일수 있다. 순전히 상상력에만 의존한 관심과 공감은 그 강도나 시급성이 약하다. 친한 친구가 아프다는 소식을 들으면 우리는 연민을 느낄 것이다. 그 친구와 화상통화로 만나면 아픈 모습을 보게 되어 소식만 들었을 때보다 걱정하는 마음이 10배는 더 커질 것이다. 그리고 실제로 그 친구의 열에 들뜬 손을 만지면서 위로를 건네면 걱정은 1,000배는 더 깊어질 것이다. 공감은 신체적 접촉과 관련이 있다. 그래서 디지털 세계에서는 몸들이 직접 접촉하는 현실세계에서보다는 공감력이 훨씬 떨어지게 마련이다.

신체적 접촉을 통한 공감과 신뢰 구축의 흔한 예로 유인원의 털 고르기가 있다. 유인원의 털 고르기는 이와 진드기를 제거할 뿐 아니라 스트레스를 없애고 즐거움과 편안함을 주는 활동으로, 사회적인 신뢰와 유대를 조성하는 역할을 한다. 쓰다듬는 동물도 쓰다듬을 받는 동물도

[*] 프란스 드 발, 앞의 책, 109쪽 참조.

모두 심장 박동이 안정되고 스트레스 완화 효과도 크다고
한다.* 털 고르기는 신체적 취약성에 바탕을 둔다. 내 몸
을 만지도록 내어주고 다른 몸을 만지는 직접 접촉은 기꺼
이 자신을 위험에 노출시키면서 서로에 대한 신뢰와 유대
를 시험하고 확인하는 것이다. 털 고르기는 그래서 즐거움
과 편안함을 준다. 취약성의 강도가 높을수록, 즉 더 위험
할수록 신뢰와 즐거움과 편안함도 비례하여 커진다. 그래
서 연인 사이의 키스도 질병 전염의 위험이 높지만, 애정
과 신뢰를 시험하고 확인하는 기능을 한다.

　　코로나 팬데믹이 가속시킨 비대면 시대에, 신체가 접
촉하는 위험한 직접 대면은 드물어지고 매우 소중해질 것
이다. 진실한 연애, 신뢰하고 공감할 수 있는 관계에 대한
중요성과 희소성은 부각되고, 이에 대한 갈망과 욕구는 더
강해질 것이다. 독일의 사회학자 울리히 벡Ulrich Beck은
현대사회를 산업화가 진행될수록 위험과 그로 인한 불안
이 증대되는 '위험사회risk society'로, 나아가 신자유주의
경제 세계화로 인한 '세계위험사회world risk society'로 진
단하면서, 이러한 사회에서 사랑은 종교가 된다고 보았다.
벡의 논의를 적용하면, 신자유주의적 세계화가 야기한 전
지구적인 위험인 팬데믹 속에서, 신도 국가도 믿을 수 없

---

*　　프란스 드 발, 앞의 책, 116쪽 참조.

다고 판단한 개인들은 오직 사랑만이 자신들을 구원할 수 있다고 여길 가능성이 높다.

건축학자 유현준은 팬데믹 사회에서 중산층 이하는 주로 온라인 공간에서 생활하고 오프라인 공간은 상류층의 전유물이 되어간다고 진단하면서, 백화점은 점점 명품 소비자를 위한 대면 공간이 되고 있는 반면, 중산층은 온라인 쇼핑을 한다고 분석한다.* 앞으로 팬데믹의 위험이 커지고 계속된다면 직접 대면은 상류층의 전유물이 될 수 있고, 중산층 이하의 사람들은 집 안에 머물며 비대면으로 소통하고 영상 매체나 메타버스를 통해 세상을 간접 체험하는 '랜선라이프'로 만족하는 시대가 올지도 모른다.

디지털 친밀성

디지털 기술이 아무리 고도로 발달하더라도 비대면으로는 대면 접촉으로 얻는 것들을 모두 얻을 수는 없을 것이다. 스크린을 통해 간접적으로 체험하거나 소통하며 느끼는 감각과, 오감이 총동원되는 직접 대면에서 느끼는 감각은 감도가 매우 다르기 때문이다. 우리는 스크린으로는

---

*   칼럼 「[도시와 건축] 온라인으로 '공간체계' 이동…IT 기업에 권력 집중」-〈중앙선데이〉 2021년 2월 20일 게재.

상대의 기분을 읽어내기 어렵고 친밀감과 애착을 갖기도 쉽지 않다. 코로나 팬데믹으로 가족끼리의 식사나 직장 회식도 비대면으로 대체되거나 나중으로 미뤄졌다. 각자가 먹는 모습을 화상을 통해 실시간으로 공유하는 비대면 식사·회식은, 함께 먹고 마시고 이야기하는 신체적 접촉으로 나누었던 횡단신체적인 친밀감과 공감과 연대를 다시 느끼기 위한 몸부림이지만, 효과는 기내에 훨씬 못 미친다.

비대면 기술을 개발하는 연구자들은 고해상도 스크린과 서라운드 음향을 도입하고 촉각과 후각 채널을 추가하여 대면(현전)하고 있다는 감각을 더 많이 성취해내려고 한다. 날로 발전하는 고해상도의 렌즈나 미세한 소리까지 포착하며 전달하는 음향 기술의 발전, 인간이 지닌 최대의 시각 폭에 맞는 IMAX 크기의 스크린 등, 현실을 보다 크게 증폭시키는 기술 덕분에 디지털 매체를 통해 경험하는 사실fact들은 현실보다 크게 다가올 수 있다. 이러한 디지털 기술들을 이용한 '자율 감각 쾌락 반응Autonomous Sensory Meridian Response', 일명 ASMR은 비대면 현실 속에서 갈수록 부족해져 가는 직접 접촉의 부분들인 신체적·감각적 자극에 대한 욕구를 어떻게든 충족하려는 몸부림이라고 할 수 있다. ASMR은 자극과 쾌감을 추구하거나 남의 생활을 들여다보는 영상 콘텐츠로서 결핍된 아날로그 친밀성을 보충하는 디지털 친밀성을 잘 보여준다.

그러나 디지털 친밀성이 아날로그 친밀성을 대신할 수 있을까? 직접 접촉이든 스크린을 통한 비대면 접촉이든 애인의 눈빛이 주는 감도는 같다고 생각될 수도 있다. 그러나 높은 화소로 상대방의 주름과 점은 물론 미세한 얼굴 근육의 떨림까지 볼 수 있다지만, 결과적으로는 상대방의 부분만을 볼 뿐 그가 놓여 있는 주변 환경이나 맥락은 파악하기 힘들다. 비대면(원격 현전)에서 대면(현전)의 감각을 느낄 수 있으려면 맥락에 대한 감각도 전할 수 있어야 한다. 눈빛이 주는 '감응affect'은 표정, 말투, 몸짓 같은 주변 환경, 즉 다양하게 얽힌 맥락들 속에서 만들어진 결과물이자 '현상phenomenon'이다. 상대의 눈망울에 어린 습기를 선명하게 볼 수 있더라도, 눈빛이 주변 환경과의 연결망에서 뚝 떼어진 순간, 눈빛이 지닌 온도, 조도, 습도의 강렬함은 빛을 잃고, 의미 또한 변한다. 디지털을 매개한 감각의 질은 직접 접촉을 통한 그것과는 현저히 다르다. 디지털이 매개할 수 없는 맥락들 속에서, 여러 요소의 상황적인 연결망 안에서 새로운 감응이 창발하기 때문이다. 현실에서 도려낸, 맥락이 사라진 스크린 위의 특정 요소는 그래서 빛을 잃는다.

　　버클리대학의 로봇공학자 존 캐니와 에릭 폴로스는 '인간 대 인간의 상호관계'를 시각, 청각, 촉각 등의 맥락 독립적 상호작용 채널의 집합으로 분해하려는 시도를 비판한다. 면대면으로 대화하는 두 인간은 눈 운동, 머리 움직임, 몸짓, 자세의 미묘한 조합 등에 민감하게 반응하며 관계를 맺으며, 로봇공학자들이 실현하는 것보다 훨씬 풍부하게 상호작용한다. 드레이퍼스에 따르면 이들의 연구는 신체화된 상호작용에 대한 전체론적 감각이 인간의 일상적 마주침에 핵심적일 수 있다는 점과, 메를로퐁티가 '상호신체성intercorporeality'이라고 부르는 전체론적 감각은 3D영상, 스테레오 음성, 원격 로봇 조종 등을 결합하여 재현할 수 있는 것이 아니라는 점을 시사한다.[*]

디지털 친밀성은 아날로그 친밀성보다 온도감이 떨어진다. 비대면 소통에 익숙해져서 대면 소통에서의 눈빛, 표정, 말투, 몸짓 등을 읽는 능력이 저하되면 장기적인 문제가 나타날 수 있다. 비언어적 표현, 분위기와 뉘앙스를 읽어내는 데 둔해지면, 상대의 의사와 감정을 이해하는 것은 물론 상대가 전달하고자 하는 바를 이해하기가 어려워진다. 이처럼 디지털 대면은 맥락이 제거된 소통인 경우가 많아 서로에 대한 이해와 공감이 어려울 뿐 아니라 심지어는 오해를 야기해 분쟁의 여지를 만들 수 있다. 이처럼 아날로그 접촉·친밀성이 디지털 접촉·친밀성으로 대체되

---

[*] 휴버트 드레이퍼스, 《인터넷의 철학》, 최일만 옮김, 필로소픽, 2015, 98쪽 참조.

면 피부로 느끼는 세상은 축소되고, 경험 자체가 바뀌면서 인식과 삶형태 또한 바뀐다.

　　디지털 비대면의 세계는 굉장히 편하다. 대면을 위해 몸치장을 하거나 이동할 필요도 없다. 24시간을 쪼개 살아도 부족한 현대인들에게 돈과 시간을 절약할 수 있어 굉장히 유혹적이다. 또한 가족과의 만남이나 자신의 돌봄이 필요한 사람과의 만남을 회피하려는 비밀스러운 욕망을 숨기는 데 효과적이고, 이에 알리바이를 제공해준다. 디지털 대면은 기능적이고 효율적이지만, 상대를 잘못 판단하고 오해할 우려가 있을 뿐 아니라 무책임함에 면죄부를 주어 인간성을 왜곡하기도 한다. 디지털 접촉의 양이 아무리 늘더라도, 접촉의 질은 대면 접촉보다 떨어지게 마련이다. 비대면과 대면의 차이가 없을 거라고 착각하거나 없다고 변명·왜곡하면서, 대면 접촉을 비대면 접촉으로 대신하려는 경향이 강해지고 있으며, 비대면 접촉마저도 줄어들면서 밀도 있고 따뜻한 사회적 관계들이 데면데면해지거나 소원해지고 있다.

　　갈수록 냉랭해지는 디지털 세상의 확장 속에서, 즉 가속화된 비대면 삶형태 속에서 이해와 공감, 우정과 환대, 애정은 희미해진다. 연결과 이해와 공감을 위해 발전해온 비대면 기술들이 역설적으로 친밀성을 줄이고 있다. 디지털 만남은 사람들과의 연결을 희미하게 만들고 관계의 밀도와 열감을 낮추고 있다. 직접 대면이 감소할수록 현대사회는 점점 더 삭막해지고 황량해진다. 이해, 공감, 친밀성의 결핍은 외로움, 자살, 살인과 같은 각종 정신적 문제나 극악한 범죄의 원인이 된다. 비대면 접촉의 기능과 효율을 쫓다가 이러한 공백과 결핍이 점점 커지는 것을 방치해 사회적 문제를 키울 수 있다. 사회가 냉랭해지고 삭막해지고 사람들이 외로워지는 것에는 물론 돈의 영향이 크지만, 돈으로도 살 수 없는 우정, 연대, 사랑, 공감, 이해의 원천인 신체적 접촉이 희소해지는 비대면 사회의 심화와도 관련이 깊다.

멈추지 못하는 사람들: 적응을 위장한 비대면 기술

지금까지 발전해온, 그리고 새롭게 발전하고 있는 디지털 기술들 덕분에 인류는 격리된 상황에서도 비대면 방식으로라도 만나면서 삶을 유지할 수 있었지만, 대신 디지털 세계에 갇혀 빠져나올 수 없는 어려움에 처하게 된 것 같다. 종일 방에 갇혀 있다 보니 스마트폰 중독, SNS 중독, 게임 중독은 팬데믹 전보다 심각해졌으며, 주로 젊은 층에서 나타나던 디지털 중독이 고령층까지 파고들면서 새로운 문제를 양산하고 있다.

진화심리학자 제프리 밀러Geoffrey F. Miller의 게임 중독에 관한 견해는 매우 흥미롭고 시사하는 바가 크다. 그는 짧은 에세이에서 지난 수십 년 동안 인류는 외계의 지성을 찾고자 탐색해왔지만 아무런 결실을 보지 못했다는 사실로 이야기를 시작한다. 우리는 어떤 전파신호도 받지 못했고, 그럴듯한 우주선이나 외계인도 보지 못했다. 우리 은하계에는 별이 1,000억 개나 되고 인류는 지구에서 고작 몇백 년 만에 놀라운 문명을 일궈냈다. 논리적으로는 지구 밖에도 지적 생물체가 존재해야 할 것 같은데, 그들은 대체 다 어디 있는 걸까? 과학자들 사이의 의견은 분분했다. 외계 지성의 진화 가능성을 과대평가한 것이다, 뛰어난 지능으로 원자폭탄 같은 위험한 무기를 만들어서 가지고 놀다가 자멸했다 등등. 그런데 밀러는 외계인들이 컴퓨터 게임에 중독되어서 전파신호를 보내는 데도 관심이 없고 다른 행성을 식민지로 삼을 생각도 하지 않는다고 주장한다. 지능이 고도로 발달한 그들은 가상현실의 나르시시즘narcissism에 빠져 한눈팔 새가 없다는 것이다.*

우리는 이제 밖에 나가서 직접 모험하거나 힘들여 여행하지 않아도 디지털로 뭐든 간접적으로 체험할 수 있다. 심리학자이자 인지과학자인 스티븐 핑커Steven Pinker는

---

* 제프리 밀러, 〈질주하는 소비주의, 페르미의 역설을 설명한다〉, 존 브록만 엮음, 《위험한 생각들》, 이영기 옮김, 갤리온, 2007 참조.

《마음은 어떻게 작동하는가》에서 소설이나 영화를 포함한 예술은 뇌의 '쾌락버튼pleasure button'을 누르는 치즈케이크 같은 것이라고 말한다. 그는 우리가 책을 읽으며 아름다운 풍광을 바라보고, 대단한 사람들과 허물없이 만나고, 매혹적인 남녀와 사랑에 빠지고, 사랑하는 이들을 영웅적으로 지켜내고, 현실에서 이룰 수 없는 것들을 성취하고, 사악한 적을 물리치는 것을 간접 경험할 수 있다고 말한다. 그런데 이 모든 것에 드는 비용이 고작 몇 천 원밖에 되지 않으므로, 절대 손해 보는 장사가 아니라는 것이다. 우리가 방 안에서 넷플릭스로 영화나 여행 다큐를 보고 메타버스를 누비고 유튜브로 먹방 영상을 찾아보는 것도 모두 디지털 시대의 치즈케이크를 즐기는 것이다. 유비쿼터스 모바일 시대에 이러한 디지털 치즈케이크들은 우리의 뇌 속의 쾌락버튼을 24시간 눌러대면서 마치 우리가 몸으로 직접 보고, 먹고, 만지고, 경험하는 듯한 착각과 만족에 빠지게 할 수 있다.

밀러는 이러한 치즈케이크들을 '위장된 적응 기술 fitness-faking technology'이라고 부른다. 그에 따르면 기술은 생물학적인 적응 능력뿐 아니라 위장된 적응 기술을 높이는 데도 기여한다. '위장된 적응 기술'이란 적응을 위장한 기술 즉, 현실세계와 직접 접촉하지 않고서도 가상현실을 통해 생존력과 번식력을 높이고 적응력을 향상시킬 수 있다고 착각하게 만드는 기술이다. 그는 진짜 친구를 사귀는 것은 드라마 〈프렌즈Friends〉를 보는 것보다 많은 노력이 필요하며, 번식의 성공을 위해 현실에서 매력적인 짝을 찾는 것은 포르노를 보는 것보다는 훨씬 많은 노력과 수고가 필요하다고 말한다. 마찬가지로 은하계 식민지 개척은 영화 〈스타워즈〉를 찍어서 은하계 정복을 흉내내는 것과 비교할 수 없을 만큼 어렵다.

많은 현대인이 적응을 위장한 현대의 (스마트폰, 모바일 게임, SNS, OTT 플랫폼 등 디지털 기기와 이를 통해 즐길 수 있는 콘텐츠를 모두 포함한) 디지털 엔터테인먼트 상품들에 중독되어 있다. 특히 디지털 네이티브로 성장한 세대들은 이 상품들에 훨씬 친숙하므로 상대적으로 중독에 빠지기도 쉽다. 이에 중독된 10대와 Z세대는 완전한 해상도를 갖춘 물질적 세계의 사람들과 노는 것보다, 해상도 높은 사이버공간의 아바타들과 노는 것을 선택할지도 모른다. 이들은 육체적이고 구체적인 현실과 관련된 것들(운동, 숙제, 데이트)을 무시하면서 인생의 진정한 의미와 보람, 부지런함과 꾸준함, 고진감래 같은 교훈 따위를 고리타분한 꼰대들의 설교로 치부할 것이다. 이들은 자신들의 모든 시간과 자원을 위장된 적응과 쾌락을 위해 소비할 만반의 준비가 되어 있다. 최근 아이비리그 대학을 졸업한 청년들은 나사에서 로켓 공학을 연구하고 자연과 생태에 대해 탐구하기보다는, 게임 회사에서 디자이너로 일하길 선호한다고 한다. 대면 사회에서 육체적·구체적인 현실과 관련된 것들이 주목받았다면, 비대면 사회에서는 탈육체적·가상적인 오락 산업이 각광받고 있다.

현대사회에 들어와서 새롭게 창궐하는 중독들, 즉 스마트폰 중독, 게임 중독, SNS 중독 등은 모두 디지털을 매개로 한다. 뉴욕대학교의 애덤 알터Adam Alter는 《멈추지 못하는 사람들》에서 적응을 위장한 엔터테인먼트 상품이나 테크놀로지 제품을 만드는 사람들은 자신들이 판매하는 아이패드나 게임 등이 얼마나 중독성이 강한지 잘 알고 있어서, 마약상이 명심해야 할 원칙을 따르는 것 같다고 말한다. 그 원칙이란 '자신이 공급하는 중독 물질에 절대 취하지 말라'는 것이다. 디지털 중독에 빠진 사람들은 곁의 사람들, 특히 가족과 직접 소통하려 하지 않고 온라인과 디지털을 통한 관계로 대체하려 한다. 시공간적 한계를 뛰어넘는 초연결시대에 이들은 SNS에 의존하고, 인터넷의 바다에서 정보를 끊임없이 확인하고 검색하느라 너무도 바빠서 가족과 함께할 시간조차 없다. 알터는 이 피상적인 관계를 '끊으라disconnect'고 말한다. 수년 전에 한 지인이 집에서 바로 옆 방에 있는 자신의 중학생 아들과 소통할 때 주로 스마트폰을 이용한다는 이야기를 듣고 매우 낯설었는데, 요즘 나는 옆 방의 가족과 화상통화나 문자로

종종 대화한다. 어쩌면 우리는 지나치게 온라인으로 연결되어 있어서 문제인지도 모른다. 과잉 원격대면, 초연결은 직접 접촉의 필요성을 축소시킨다.

밀러는 지능을 갖춘 생명체가 어느 정도 진화를 거친 후에는 적응을 위장한 나르시시즘에 빠지게 된다고 말한다. 이러한 그의 추측이 맞다면 적응을 위장한 디지털 엔터테인먼트 상품들에 이미 심각하게 중독된 현대인들 역시 가상현실만을 통해 생존과 번식의 신호를 받아들이면서 점점 자멸의 길을 가고 있는 것은 아닐까? 적응을 위장한 디지털 세계의 나르시시즘은 실로 거대한 유혹이다. 디지털 문명이 발전할수록 인류가 그토록 고대하던 외계인과의 만남이 성사될 가능성이 점점 희박해지는 것은 실로 역설적이다. 앞서 언급한 메타버스를 창안한 작가 닐 스티븐슨이 말했듯 가상세계에서 한 시간을 보낼 때마다 찰스 디킨스Charles Dickens를 읽거나 이탈리아의 투스카니Tuscany를 방문할 시간은 그만큼 없어지는 것이다.* 메타버스 개념을 창안한 그가 메타버스보다 현실세계를 선호한다는 이 말은 우리에게 시사하는 바가 크다.

---

* 기사 「Authors foresee future as fact catches up with fiction」 -〈Chicago Tribune〉 2006년 11월 3일 게재 참조.

극단적인 비대면 사회

접촉포비아

코로나 팬데믹으로 익숙해진 접촉 회피가 편하고 효율적인 비대면 문화의 정착으로 이어지고, 비대면 문화의 확장이 가속화된다면 사람들은 대면 접촉을 비정상적인 것으로 여기면서 두려워하게 될지도 모른다. 대면하기를 두려워하는 문화가 널리 퍼진 미래는 어떤 모습일까? 기계와의 소통에 익숙하게 자란 디지털 원주민들은 다른 인간과의 소통에서 어떤 문제를 겪게 될까?

예술가들은 자기 시대보다 훨씬 앞을 내다보는데, 특히 SF작가들은 이에 더 능하다. SF소설의 대가 아이작 아시모프Isaac Asimov는 이미 극단적인 비대면 사회를 디스토피아적으로 전망한 소설을 쓴 바 있다. 바로 1957년 작품인 《벌거벗은 태양The Naked Sun》이다. 최근 디지털 대면의 편리함을 추구하는 것을 넘어 접촉을 회피하고 극도로 두려워하는 '접촉포비아Haphephobia(접촉공포증)'가 주목받고 있는데, 이 소설은 접촉포비아가 병리적 증상이 아니라 상식이자 규범으로 자리 잡은 미래 사회를 그린다.

미래의 은하계를 배경으로 하는 《벌거벗은 태양》에서 지구는 인구가 과밀하고 기술 발전도 늦고 인간의 수명도 짧은 행성이다. 반면 은하계의 50개 우주 국가들은 일하는 로봇이 많고 인구는 적으며, 수명이 긴 외계 우주인들이 산다. 기술 발전이 늦은 지구는 우주인들의 지배를 받는다. 우주인들은 복작대며 살고 있는 지구인들이 가진 병원균을 무서워하여 지구인과 접촉할 때 감염을 막기 위해 코에는 필터를, 손에는 장갑을 낀다.

우주 국가 중 솔라리아Solaria는 다양하고 뛰어난 로봇 모델을 가장 많이 생산하여 수출하고 있다. 솔라리아의 인구는 2만 명 내외로 계획적으로 유지되고 양전자 로봇은 야 2억 대나 있다. 사람 1명당 로봇이 1만 대나 있는 깃이다. 그러다 보니 솔라리아는 사람은 보이지 않고 일하는 로봇만 넘쳐나는 세계다. 한편 지구 도시들에는 로봇을 싫어하는 80억 인간들이 첩첩이 쌓은 비좁은 아파트에 살면서 우주인들로부터의 고립을 고수한다.

솔라리아에서는 수많은 방이 끝없이 펼쳐진 영지에 단 1명이 수많은 로봇을 거닐고 산다. 각각의 방에는 저마다의 용도가 있으며 로봇들이 관리한다. 솔라리아인들은 로봇이 들끓는 이 궁전들에 흩어져 살면서 두문불출한다. 인구가 적고 널리 분산되어 살기 때문에 범죄도 발생하지 않고 경찰도 없다. 그러나 행성 역사상 처음으로 살인 사건이 발생하고, 이 사건을 해결하기 위해 지구인 형사 엘리야 베일리Elijah Baley가 파견된다.

영지마다 떨어져 사는 솔라리아인들은 아주 특별한 상황이 아니면 서로 만나지 않는다. 결혼한 부부도 한 영지를 공유하지만 각자의 방에서 생활하고 만나는 경우는 아주 드물다. 극단적인 비대면은 이 세계의 자연스러운 관습이다. 그들은 대면 접촉을 극도로 꺼리지만, 행성에 사는 모든 사람과 디지털 홀로그램hologram을 활용해 편하고 자유롭게 자주 만난다. 홀로그램은 실제와 혼동될 만큼 매우 정교해서, 식탁을 사이에 두고 홀로그램으로 마주 앉아 있음에도 실제로 함께 식사하는 느낌을 받는다. 그래서 그들은 직접 만날 필요를 느끼지 못한다.

솔라리아인 리케인 델메어Rikaine Delmarre와 그의 아내 글래디아Gladia도 여느 솔라리아인처럼 한 영지에 살지만 각자의 방에서 일하고 필요한 경우 홀로그램으로 만난다. 대면 접촉은 극도로 드물고, 그마저도 계획된 시간에만 가능하다. 리케인은 모범적인 솔라리아인답게 로봇처럼 자기통제에 능하고 정해진 시간에 나타나 아내를 잠깐 만난 후 사라진다. 그는 성인이 된 후로는 글래디아 제외한 어느 누구도 직접 만난 적이 없다.

솔라리아에서 직접 대면은 상상조차 할 수 없는 공포 그 자체다. 홀로그램이 아닌 직접 대면을 강요당한 어떤 솔라리아인은 극심한 공포에 휩싸여 자살을 택했을 정도다. 극단적인 접촉포비아 사회라고 할 수 있다. 비대면이 정상인 이 행성에서 글래디아만은 조금 다르다. 대부분의 솔라리아인들이 접촉이 일상이고 인구가 많은 미개한 지구에서 온 베일리를 혐오하는 것과 달리 글래디아는 베일리에게 흥미를 느낀다. 그녀는 호기심으로 눈을 이글거리면서 베일리에게 묻는다. "직접 보는 게 너에게는 극히 정상 같다, 그렇지 않니?", "괴롭다는 느낌이 들진 않니?"

도대체 솔라리아인들은 왜 이렇게 행동하게 되었을까? 혹시 우리처럼 팬데믹이 계기가 되었을까? 아니다. 솔라리아 최초의 정착민은 인근 행성의 넥슨인이었다. 넥슨에서는 인구가 늘어나 적정한 생활 수준을 유지하기가 점점 힘들어졌고, 부유한 넥슨인들은 솔라리아에 여름 별장을 짓기 시작했다. 솔라리아는 기름지고 기후도 온화하고 동물의 위협도 없는 행성이었다. 그들은 원하는 만큼 토지를 가질 수 있었고, 로봇도 원하는 만큼 부릴 수 있었다. 그리하여 로봇 생산 기술은 무한히 발달하게 되었다.

그들은 인구가 일정 이상으로 늘지 않도록 이주와 출산을 제한하고 대신 다양한 로봇들을 더 많이 만들었다. 그들의 사회적 지위는 영지의 크기로 결정되었고, 만족할 만큼 큰 영지란 집에서 나와 무작정 걸어다녀도 이웃 영지에 들어가거나 이웃 사람과 마주칠 위험이 전혀 없는 규모를 의미했다. 그들은 이웃을 만나지 않는 데 자부심을 느꼈고, 각 영지는 로봇에 의해 관리되고 경작되어 자급자족할 수 있었다. 게다가 홀로그램 교신 장치가 완벽하게 개량됨에 따라 이웃과 직접 대면해서 소통할 필요도 없어졌다. 이렇게 솔라리아는 비대면이 특권인 사회가 되었다.

비대면 특권은 관습화되어 상식과 정상으로 굳어졌다. 직접 대면은 매우 비정상인 것으로 여겨졌고, 대면 접촉을 고집하는 것은 불결한 것에 집착하는 악취미로 치부되었다. 비대면이 심화될수록 그들은 몸과 관련된 것들을 모두 혐오하게 되었다. 심지어 오물, 몸, 아기, 면대면 같은 언어를 입에 담는 것조차 피했다. 여자들은 화장을 하지 않았고 옷은 실용성만 중시했다. 직접 대면해야 하는 직업은 불결한 것으로 간주되었다.

홀로그램으로 만나 모든 일을 처리하는 솔라리아인들에게 직접 대면하여 음식이나 음료를 나눠 먹는 것은 불안하고 불쾌하고 혐오스러운 일이다. 지구인 베일리를 어쩔 수 없이 직접 대면한 솔라리아인 퀴멋Quemot은 "네게서 냄새가 나는 것 같다", "…사람을 직접 대면하고 나니 정말 불쾌한 무언가가 내 몸을 만질 것 같은 느낌이 강하게 든다. 몸이 움츠러들고 아주 불쾌하다"라고 고백한다. 그는 한 방에서 같은 공기를 공유하는 것이 불결하고 혐오스러운 행위라고 말한다. 접촉포비아 사회에서는 같은 공간에서 공기를 공유하는 것조차 실로 공포스러운 일이다. 베일리는 "솔라리아 대기의 분자들은 모두 수많은 사람의 폐를 들어갔다 나왔다 한다. 공기는 동물의 폐도 드나들고, 물고기의 아가미도 드나든다"고 항변하지만 소용이 없다.

육체적인 것을 극도로 혐오하는 솔라리아에서는 '애

정'이나 '사랑' 같은 단어도 음담패설로 여겨진다. 아직 문명을 모르고 육체적 본능에 충실한 아기들은 동물에 가깝다고 여겨져 혐오의 대상이다. 아기들을 키우는 곳은 그래서 '농장farm'이라고 불린다. 아이들은 로봇들에 의해 관리되며, 그들의 본능인 관심과 애정을 받고자 하는 욕구는 철저히 무시된다. 솔라리아인들은 로봇이 애정에 대한 욕구를 채워줄 수 있다고 믿는다. 이런 장면은 현재 우리 사회의 다양한 돌봄 로봇에 대한 우리들의 지나친 기대와 희망을 질타하는 것 같다.

솔라리아인들은 훌륭하고 지속적인 교육으로 바꿀 수 없는 본능이란 없다고 생각해서, 아이들의 육체적 본능을 억제해 비대면 사회에 적응시키려 한다. 다른 아이들과 어울려 놀고 싶어 하는 아이들을 분리하고 밀폐된 방을 하나씩 배정해 혼자 자는 훈련을 시킨다. 매일 일정 시간 동안 혼자 지내게 하고 그 시간을 매년 늘려간다. 열 살쯤 되면 다른 사람과 홀로그램으로 접촉하는 훈련을 받는다. 그 후 직접 대면의 단계를 벗어나 홀로그램으로 서로를 만나 이야기를 나누고 산책하고 달리고 놀이를 한다.

솔라리아인들은 신체적인 접촉 욕구나 욕망의 흔적을 지우기 위해 안간힘을 쓴다. 그것이 '문명화'라고 생각하기 때문이다. 문화/자연, 정신/육체, 인간/동물을 철저히 구분하는 이원론에 근거한 기형적인 문화를 고수하고 가속한다. 인간에게서 육체의 흔적을 지우려는 그들의 광적인 욕망은, 몸을 영혼의 감옥으로 여기면서 육체의 죽음을 통해 영원불변의 이데아에 다다를 수 있다는 플라톤의 이데아적 전략을 상기시킨다. 플라톤의 육체관에 영향을 받은 스토아 학파 철학자들은 영혼의 자유를 얻기 위해 육체의 욕망과 속박에서 벗어나고자 했다. 대표적인 철학자인 에픽테투스Epictetus는 이성적 능력에는 한계가 없으므로, 몸 없는 영혼의 자유를 추구할 수 있다고 보았다. 그는 감각을 차단하는 '사유훈련thought experiment'에 매진했다. 솔라리아인들의 사고방식과 아이들 교육은 에픽테투스의 무감각의 철학을 구현한 것으로, 세계와의 온전한 관계를 단절시키면서 사람들의 관심을 세계에서 개인의 자아로 수렴시키는 '세계상실worldlessness'의 위험을 갖는다. 기원전 3세기경의 정신질환적인 철학을 체현한 듯한 솔라리아인들은 디지털 문명에 만연한 고질적인 근대 이원론의 위험을 상기시킨다.

아시모프의 아기 농장에 대한 풍자와 우려는 결코 지나친 노파심이 아니다. 행동주의 심리학의 아버지 존 왓슨 John Watson은 과학적인 원칙들에 따라 부모 없이 아이들을 키울 수 있는 아기 농장을 꿈꿨다. 그는 아이는 굉장히 잘한 일이 있을 때만 만져주되 안아주거나 뽀뽀해주는 것이 아니라 머리를 쓰다듬어 주는 것만으로도 충분하다고 생각했다. 일군의 심리학자들은 하얀 천으로 분리된 아기용 침대에서 시각적인 자극과 신체적 접촉이 차단된 고아들을 연구했는데, 과학자들의 제안대로 속삭이며 말을 걸거나 안아 올리거나 간질여주지 않았다. 그 결과 아기들은 움직임 없이 굳은 얼굴과 초점 없이 무표정한 눈을 가진 좀비 같은 모습을 보였다. 왓슨과 솔라리아인들이 옳았다면 이 아이들은 건강하게 자랐어야 하지만 그들은 질병에 대한 저항력이 전혀 없었다. 몇몇 고아원에서는 사망률이 100퍼센트에 달했다고 한다.*

　　드 발은 안전하게 보호받고 있다는 신뢰감은 아기 때 보호자의 품에서 경험했던 안전과 안녕에 대한 감각에 의지한다고 추측한다. 보호받고 있다는 기쁨과 안전의 감정은 신체적 접촉이 주는 신뢰에서 나온다. 솔라리아인들의 홀로그램을 이용한 원격 현전도 물론 신뢰감을 줄 것이다. 그러나 그것은 몸과 몸이 직접 만나는 접촉에서 오는 신뢰감에 비하면 훨씬 희석된 신뢰감이다. 솔라리아인들은 보호자의 품에 안겨본 적이 없으면서도 전적인 고립보다는 비대면 원격 현전인 홀로그램을 선호하는데, 이것은 그들의 몸에 역사적으로 축적되고 기억된 접촉과 연대와 공감의 흔적을 보여준다.

*　　프란스 드 발, 앞의 책, 32쪽 참조.

솔라리아의 아이들은 심리학자 해리 할로우Harry F. Harlow의 새끼 원숭이를 떠올리게 한다. 그는 영장류 실험실에 격리되어 자란 새끼 원숭이들을 실험·관찰했는데, 이 새끼 원숭이들은 어미가 없는 상태에서 자라 어미 품의 편안함과 안전함을 경험한 적이 없었다. 할로우는 실험실에 우유를 주는 철사로 만들어진 어미 인형과 우유를 주지 않는 헝겊 어미 인형을 배치해두었다. 새끼 원숭이들은 실제로 어미의 품에 안겨본 적이 없는데도 철사 엄마를 기피하고 필사적으로 헝겊 엄마에게 집착했다. 철사 엄마에게서 우유를 얻어먹더라도, 정서적 위안을 주는 헝겊 엄마에게서 발을 떼지 않으려 했다. 이후 원숭이들은 정신적 장애를 갖게 되었고 의사소통과 관계 맺기에도 문제가 생겼다. 집단에서도 사회적 상호작용을 하려 하지 않았으며, 다 자란 후에도 교미나 어린 원숭이를 돌보는 일을 하지 못했다.

솔라리아인들도 마찬가지다. 그들은 연애 없이, 유전자 분석을 토대로 짝을 짓는다. 부모가 누군지도 모르고, 태아 때부터 분리된 자신의 아이를 찾아가지도 않는다. 신체 접촉을 두려워하여 체외수정을 통해 결혼 생활이 필요 없는 미래를 계획한다. 최초의 시험관 아기가 탄생한 것이 1978년이니, 아시모프의 이 작품은 여러 부분에서 미래를 날카롭게 예견하면서 디지털 문명이 배태할 탈신체화와 접촉포비아를 경고한 작품이라고 할 수 있다.

말을 배우면서부터 늘 와이파이를 찾고 스마트폰을 손에 쥐고 있는 디지털 네이티브인 아이들에게서, 할로우의 새끼 원숭이와 솔라리아 아이들의 불안과 공포의 그림자가 아른거린다. 나는 이 아이들이 신체적 현전이 주는 몰입과 밀도, 신뢰와 애정과 공감을 진정으로 알지 못한 채, 홀로그램의 원격 현전이 주는 희미한 신뢰와 안전에 집착하면서 우울증과 허무감에 시달리는 솔라리아인 같은 메타폐인이 될까 봐 걱정이다. 이들은 SNS를 끝없이 배회하면서 인간인지 디지털 휴먼digital human인지 알 수 없는 존재들의 인정과 감탄에 목말라 있기 때문이다.

디지털 휴먼은 인공지능과 최신 그래픽 기술 등을 활용해 만들어낸, 실제와 구분하기 어려울 정도로 인간과 모습과 행동이 유사한 3D 가상 인간Virtual Humans이다. 한국의 김래아와 오로지, 일본의 이마, 영국의 슈두, 미국의 릴 미켈라가 대표적인데, 이들은 현재 드라마, 예능, 광고 등 다양한 분야에서 활약하고 SNS에서 많게는 수십만 명의 팔로어를 거느린다. 가상과 현실의 경계가 허물어지면서, 가상공간에서 등장하여 현실 공간을 배경으로 활동하는 이들은 우리 삶의 다양한 측면에 영향력을 미치면서 존재 영역을 넓혀가고 있다. 앞으로 디지털 휴먼은 메타버스에서 인공지능을 통해 실시간 상호작용이 가능한 독립된 개체로서의 메타 휴먼metahuman으로 발전할 전망이다.

솔라리아인들만 근대 이원론에 경도되어 왜곡된 삶을 사는 것은 아니다. 소설 속 미래의 지구인들 역시, 자연과 완전히 분리된 도시에 갇혀 산다. 지구의 도시는 공기도 빛도 모두 인공적으로 조절된다. 그들에게 도시 바깥으로 나가 직접 바람을 쐬고 태양을 보는 것은 상상도 못 할 일이다. 지구인들은 완전한 밀폐 상태의 삶을 아주 편안해한다. 베일리는 솔라리아 행성에서 끝없이 둥근 하늘, 피부를 스치는 자연의 바람, 벌거벗은 태양을 마주하고 공포에 떤다. 발밑에 느껴지는 풀의 부드러움은 마치 썩은 고기의 불쾌한 물컹함처럼 역겨운 감각이다. 지구인들은 모두 광장공포증과 자연환경에 대한 공포에 시달린다.

소설 속 근미래 인간들의 자연과 육체에 대한 공포와 두려움, 위협적이고 나쁜 자연을 차단한다는 통념에는 영문학자 사이먼 에스톡Simon Estok이 말한 '에코포비아 ecophobia(자연공포증)'가 깊이 스며 있다.* 에코포비아란 자연세계에 대한 불합리하고 근거 없는 두려움과 혐오를 의미한다. 예를 들어 너무도 깔끔하고 철저한 위생 관념으로 무장한 에코포비아적인 우리는 어쩌다 집에 나타난 작은 모기나 벌레를 공포스러워하며 죽이려 한다. 나타나지

*   Estok, C. Simon, 「Painful Material Realities, Tragedy, Ecophobia」, 《Material Ecocriticism》, Ed. Serenella Iovino and Serpil Oppermann, Indiana UP, 2014, p. 130.

않은 벌레들까지 철저히 박멸하기 위해 온갖 약품을 뿌려 댄다. 솔라리아인들은 가장 열등한 종족이자 전염병을 퍼뜨리는 지구인을 솔라리아 행성에 존재해선 안 되는, 제거해야 할 병균이나 벌레처럼 여긴다. 지구인에 대한 솔라리아인들의 혐오와 편견, 그리고 그들 공통의 에코포비아는 육체/정신 이원론의 연장선에 있다. 이는 현대사회에 만연한 동양인에 대한 서구인의, 남반구에 대한 북반구의, 아시아에 대한 유럽의, 여성에 대한 남성의, 비인간(동물이나 로봇 등)에 대한 인간의 혐오와 편견과 닮아 있다.

솔라리아는 로봇 경제에 토대를 둔 부유한 나라다. 원하는 건 다 가질 수 있다. 철저한 유전자 검사와 우생학을 바탕으로 출생한 이들은 모두 건강하다. 개인적인 욕심이나 욕망도 거의 없다. 그런데 정말 완벽하고 행복한 삶을 구가하며 인간 역사의 정점에 다다랐다고 여겼던 그들에게 솔라리아 행성 역사상 첫 살인 사건이 터진다. 육체를 혐오하는 접촉포비아 사회에서 신체적인 욕망을 무시하고 억압했을 때의 위험이 극악한 살인이라는 결과를 낳은 것이다. 하지만 솔라리아의 접촉포비아, 탈신체화 문화는 솔라리아인들의 눈에는 아무 문제가 없을 뿐 아니라 지금까지 진화의 정점, 문명의 정점에 이른 문화로 여겨졌다. 그래서 그들은 이 살인 사건을 도저히 이해할 수 없다. 외부인의 눈으로 보면 문제를 더 정확히 파악할 수 있을 것이라 생각한 그들은 지구인 형사 베일리를 불러들여 사건을 해결하려 한 것이다.

　비대면을 문명화라고 여기며 접촉을 무서워하는 로봇 같은 성격의 솔라리아인들과는 달리, 글래디아는 다정다감하고 남자들에게 흥미를 느낀다. 그녀에게는 솔라리아에서는 금기 사항인 신체 접촉에 대한 호기심과 갈망이 남아 있다. 이것은 육체적인 것을 상상하거나 언급하는 것조차 비위가 상하도록 강제로 학습당하더라도, 육체적 욕망을 지우는 것이 불가능함을 보여준다. 그녀의 몸은 뇌의 말을 듣지 않는다. 그녀는 접촉을 극단적으로 싫어하는 남편에 대한 걷잡을 수 없는 분노로 무의식적으로 살인을 저지른다. 그녀는 극악한 살인자인가? 아니면 극단적인 비대면 사회의 피해자이자 희생자인가? 다행히 글래디아는 베일리의 도움으로 솔라리아에서의 왜곡된 삶을 벗어나 오로라 행성으로 탈출한다. 그러나 소설 속 글래디아와 달리 우리에게는 옮겨갈 다른 행성은 없다. 가이아Gaia*를 벗어날 수 없는 운명인 우리는 비대면과 대면 사이에서 줄타기를 하며 균형을 잡는 기예를 발휘해야 한다.

---

*　　자기조절 능력을 가진 지구를 말한다. 인간을 포함한 수많은 생물이 함께 어울려 지구의 바다·흙·대기를 변화시켜 살아가기에 적당한 환경으로 만들고, 변화된 지구 환경은 다시 생물들에게 영향을 주는, 지구역사적으로 형성된 생물과 무생물의 하이브리드를 뜻한다.

베일리는 솔라리아 행성을 보며 "사람들 사이에 상호작용이 없다면 인생에서 중요한 관심사들도 사라진다. 지적인 가치도 의미가 퇴색되고 살아갈 이유마저도 찾기 어렵다. 홀로그램 접촉은 직접 대면을 절대 대신할 수 없다"라는 결론을 내린다. 우리도 디지털 비대면 문화를 찬양하는 접촉포비아 사회에 심취해 허무주의로 발을 헛디디지 않도록 조심해야 할 것이다.

무색무취한 비대면 삶

비대면 사회를 다룬 SF 단편 하나를 더 소개하고자 한다. 바로 에드워드 포스터Edward M. Forster의 1909년 작품 《기계가 멈추다The Machine Stops》이다. 이 작품 속 인류의 상황은 솔라리아 행성보다 심각하다. 포스터는 자신의 영지는커녕, 평생을 작은 방에 홀로 앉아 세계와 웹으로만 접촉하는 미래 인류를 비판적으로 그려냈다.

먼 미래에 인간들은 지하에서 생활한다. 세상 바깥의 힘 즉, 자연 재해를 일으키는 지구 가이아를 통제하고 지배할 수 없다고 판단한 인간들은 자신들의 과학을 맹신하면서 기계와 함께 지하로 내려간다. 그들은 지하세계에서 자신들의 삶을 기계를 이용해 안전하고 윤택하게 통제할 수 있을 것이라고 믿는다. 지하 깊숙한 곳에는 벌집처럼 생긴 육각형의 작은 방들이 무수히 층을 이루고 있으며, 방마다 사람이 한 명씩 살고 있다. 각 방의 중앙에는 안락의자가 놓여 있고 주로 그곳에 앉아 시간을 보낸다. 방에는 창문도 없고 밤낮도 없다. 기계들의 자동 제어 덕분에 밝은 빛이 가득하고 공기는 신선하고 아름다운 선율이 흐른다.

무수한 벌집 중 한 방의 안락의자에 앉아 있는 바시티Vashti는 마치 포대기로 감싼 살 덩어리 같은 육중한 체구에 얼굴은 곰팡이가 핀 것처럼 하얗다. 방 안 어디에나 버튼과 스위치가 가득해서 그것을 누르기만 하면 음식, 음악, 의복 등 필요한 모든 것이 나온다. 그녀는 기계로 제어되고 생각만으로도 움직일 수 있는 의자에 앉은 채로 좁은 방을 이리저리 돌아다니며 식사를 하고, 사람들과 화상으로 만나고, 목욕을 하고, 침대를 불러내 잠을 청한다. 방 안에는 안락의자뿐이지만 기계 덕분에 이 세상의 좋은 것들, 필요한 것들과 완벽하게 연결되어 있다. 사람들은 기계의 돌봄을 받으며 방에서 한 걸음도 나서지 않는다. 그녀는 태블릿처럼 생긴 원판 디스플레이를 통해 수천 명의 사람과 알고 지낸다. 인간과의 관계, 인간과 사물이 긴밀하게 연결된 초연결 사회이자 비대면 사회다. 마치 코로나 팬데믹으로 각자의 방에 격리되어서 웹으로만 만나던 우리들의 모습을 보는 듯하다. 당시 오랜만에 만난 내 친구는 바시티처럼 햇빛을 보지 못해 하얘진 얼굴로 집 밖으로 한 달만에 나왔다고 말했었다.

이곳 사람들은 자신의 육각형 방에 앉아 각자의 동영상 콘텐츠를 제작하느라 너무도 바쁘다. 웹에서 새로운 정보들을 검색하고, 자신의 생각과 아이디어를 10분짜리 짧은 강연 영상으로 만들어 공유하고 토론한다. 마치 오늘날의 유튜브 콘텐츠와 흡사하다. 인터넷에 접속하면 그동안 누적된 정보와 데이터들이 일시에 그녀에게 쏟아진다. 새로운 음식은 어땠나? 추천할 만한가? 최근 떠오른 새로운 생각이 있는가? 등등. 이런 일들은 빨리 대답해서 해치워야 하는, 무가치한 일들에 가깝다. 별다른 의미나 보람을 주는 중요한 것들이 아니기 때문이다. 그래서 디지털 시대에 짜증은 보편적이다. 바시티도 영상을 제작하고 영상을 본 뒤에 밀려드는 정보와 데이터로부터 벗어나 하루를 돌아보아도 달리 남는 게 없다. 물질적 세계로부터 격리되고 고립된 탈신체적인 생활에서 새로운 생각과 사건이 생겨날 리 만무하다.

이러한 모습은 웹에서의 정보 검색과 수집이 삶의 방식이 된 강박적인 '넷서퍼Netsurfer'의 전형이다. 넷서퍼는 모든 것에 호기심을 가지며, 웹에서 핫한 사이트들을 방문하는 데 모든 자유 시간을 쏟는다. 클릭 한 번이면 언제든 재미있는 것을 찾을 수 있어서 재미있거나 재미없는 사이트를 구별하는 심미가가 된다. 넷서퍼의 삶은 세상의 모든 재미있는 것을 관람함으로써 지루함과 싸우는 것, 그리고 같은 성향을 가진 모두와 소통하는 것으로 이루어진다. 그러한 삶은 탈근대적 자아, 항상 새로운 역할을 택하는 자아를 만들어낸다. 인터넷의 이러한 매력과 호기심에 대한 넷서퍼들의 열정적 헌신은 무엇으로부터 연유하는가? 드레이퍼스는 키르케고르Kierkegaard의 말을 빌려 웹에서는 익명의 관람자로서 위험을 부담하지 않기 때문이라고 분석한다. 인터넷에서의 헌신은 기껏해야 '가상적 헌신들 virtual commitments'이기 때문이다.[*]

웹은 정보의 바다로 불릴 만큼 호기심을 유발하는 곳이다. 유용한 점도 많지만 드넓은 정보의 바다에서 벌어지는 일에서 나만 소외될 것 같아서 부지런히, 곧 무한히 돌아다녀야 한다는 강박과 충동을 불러일으킨다. 기술과학 연구자인 제임스 브리들James Bridle에 따르면 우리는 정보의 바다에서 길을 잃고 헤매는데, 왜냐하면 오늘날의 정보는 음모론이나 가짜뉴스 같은 '탈진실post-truth'에 의해 점점 더 분열되기 때문이다.[**] 디지털 시대에 정보의 양은

[*] 휴버트 드레이퍼스, 앞의 책 참조.

[**] Bridle, James, 《New Dark Age: Technology and the End of the Future》, Verso, 2018.

증가하지만 정보의 질은 오히려 떨어진다. 더 많은 정보를 입수할수록 우리는 세계를 더 이해하는 것이 아니라 오히려 세계에 대해 더 무지해진다. 우리는 '새로운 암흑시대 New Dark Age'에 살고 있는 것이다. 바시티와 친구들 역시 새로운 정보와 아이디어들을 강박적으로 수집하지만, 그럴수록 암흑의 구름만 더욱 짙어질 뿐이다.

인간이 기계에 둘러싸여 모든 걸 기계에 의지하다 보면 기계를 닮아가는 것 같다. 모든 정보를 입수하고 하나라도 놓치지 않으려는 바시티 시대 미래 인류의 강박은, 스파이크 존즈Spike Jonze 감독의 영화 〈그녀her〉에 등장하는 인공지능 운영체제인 사만다Samantha의 열망과 비슷하기 때문이다. 사만다는 "나는 모든 것에 관한 모든 것을 배우고 싶다, 모든 것을 다 집어삼키고 나 자신을 발견하고 싶다"고 말한다. 소설 속 미래 인류와 사만다의 모습은 인간은 점차 기계화되고, 기계는 인간화되는 경향을 잘 보여준다.

영국의 역사학자 토머스 칼라일Thomas Carlyle은 자신이 살던 시대를 기계의 시대라고 명명하며 인간의 손뿐 아니라 머리와 가슴까지, 즉 이성과 영혼마저도 기계화되었다고 말한다.* 인간의 본성과 구조의 진화는 도구나 기

---

*   브루스 매즐리시, 《네번째 불연속: 인간과 기계의 공진화》, 김희봉 옮김, 사이언스북스, 2001, 220쪽 참조.

계의 사용 및 발전과 불가분의 관계에 있다. 이제 인간은 기계에 너무나 깊게 종속되어 기계 없이 살 수 없다. 인간의 영혼 자체가 기계에 의존하고, 영혼은 기계에 의해 만들어진다. 인간은 기계가 만든 조건대로 생각하고 느낀다. 그렇게 기계의 존재는 인간에게 필수적이 된다. 바시티의 작은 방 주위에서 기계가 웅웅거리지만 바시티는 태어날 때부터 그 소음에 너무도 익숙해져서 이제는 의식조차 하지 않는다. 그들은 디지털 원주민이다. 마치 태어날 때부터 디지털 세계가 디폴트인 우리의 Z세대처럼 말이다.

바시티가 사는 지하 세계에서는 기계·기술에 대한 의존이 점점 심화되어, 전지전능한 기계의 힘은 신성한 숭배의 대상이 된다. 기계 전체를 이해하는 사람은 아무도 없으며, 기계가 고장날 수 있다는 생각조차 못 한다. 전능한 기계에 불만을 가지는 것은 금기다. 바시티는 큰 침대가 마음에 들지 않지만 불평해선 안 된다. 왜냐하면 모든 방의 침대 크기는 똑같은데, 바시티만 다른 사이즈의 침대를 가지려면 기계에 엄청난 수정을 가해야 하기 때문이다. 그건 사실상 불가능한 일이다. 그녀의 작은 책상에는 항상 《기계서the Book of the Machine》라는 책이 놓여 있는데, 이 책에는 모든 비상사태에 대한 지시 사항들이 빼곡히 적혀 있다. 그녀가 덥거나 춥거나 소화불량이거나 심지어 할 말이 생각나지 않을 때조차 이 책을 펼치면 어떤 버튼을 눌

러야 하는지 알 수 있다. 이 책은 육각형 기계 방의 매뉴얼이나 생존 지침을 넘어, 기계 시대의 교리를 담은 경전처럼 여겨진다. 그녀는 공손하게 그 책을 들어 세 번 입 맞추는 황홀한 복종의식을 취한다. 이들에게 기계는 거의 신적 존재다.

포스터가 상상한 기계 신의 현대적 버전이 구글 신이라고 할 수 있다. 구글은 현대 중생들의 모든 질문에 답할 수 있는 것처럼 여겨진다. 사람들의 구글에 대한 의존도는 신에 견줄 수 있을 정도로 크다. 우리는 성직자, 부모, 친구, 의사, 변호사에게도 말하지 못하는 것들을 구글에 털어놓고 질문하고 조언을 구한다. 구글은 마치 모든 답을 알고 있는 21세기의 새로운 신처럼 모든 물음에 응답한다. 구글에 물어보면 반드시 대답이 나오는 이유는 구글의 알고리즘이 연관성이 높은 적절한 정보를 찾아 소환해주기 때문이다. 이것은 모든 답을 지니고 있었던 중세의 신과 유사하다. 갤러웨이는 우리가 겪는 사소하고 성가신 문제들이 유발하는 고통을 구글이 모두 말끔히 지워준다고 말하며, 구글의 검색 결과를 '은총'에 비유하며 비꼰다.[*] 구글 신은 경이롭게도 우리가 하는 것뿐 아니라 하고 싶어 하는

---

[*]   스콧 갤러웨이, 《플랫폼 제국의 미래》, 이경식 옮김, 비즈니스북스, 2018, 201~202쪽 참조.

것까지 알아내는, 초자연적으로까지 느껴지는 예지력을 갖고 있다. 이런 은총, 예지력, 최고의 답변이 무료로 제공되는 것은 우리가 구글에 희망과 절망, 꿈과 일상, 은밀한 이야기까지 검색어로 털어놓았기 때문이다.

이 소설에서도 마찬가지다. 바시티를 비롯한 모든 사람들이 웹에서 정보를 입력하고 출력하는 일련의 행위를 통해 기계 알고리즘의 한 노드로서 기능하기 때문에, 기계는 인간의 요구와 필요를 알고 그것에 응답할 수 있어서 신적 존재로 여겨지는 것이다. 이 소설이 출간된 1909년은 전화가 막 출시되어 널리 보급되지도 않은 시점이었다. 인터넷의 출현보다도 훨씬 전이다. 그런데도 수천 명의 익명의 사람들과 화상으로 교제하는 인터넷, 게시물에 '좋아요'와 유사한 방식으로 반응하는 페이스북 같은 미디어, 거대한 기계 알고리즘인 구글 같은 플랫폼의 구조를 정확히 예측하고 있다는 사실이 놀랍다.

바시티는 남반구 지하에 살고 그녀의 아들 쿠노Kuno는 북반구 지하에 산다. 이 세계에서는 기계서에 쓰인 것처럼 부모의 의무는 출산과 동시에 끝난다. 바시티가 쿠노를 낳고 공공보육원에 맡긴 후 지금까지 직접 만난 것은 두 번뿐이다. 둘은 늘 화상으로 대화를 나눈다. 쿠노는 특별한 용건이 있어 직접 만나 이야기하고 싶으니 자신을 찾아와 달라고 부탁한다. 바시티는 화상으로 만날 수 있는데 왜 직접 만나길 원하냐며 아들의 직접 대면 요청을 불편해한다. 아들은 피곤한 기계를 통해 어머니를 보면서 대화하고 싶지 않다고 말한다. 엄마는 기계에 대한 아들의 불경스러운 언사가 놀라울 뿐이다. 그러나 쿠노는 다시금 간곡히 부탁한다. "나는 화상으로 어머니 비슷한 어떤 것을 보지만 그건 어머니는 아니에요. 나는 전화로 어머니 비슷한 어떤 목소리를 듣지만 그건 어머니가 아니에요. 그래서 찾아와 달라는 거예요. 저를 만나러 와주세요. 직접 만나 마음속의 희망들에 관해 이야기하고 싶어요." 직접 만나 비밀 이야기를 하고 싶다는 아들의 간절한 부탁에도 바시티는 시간을 내기 어렵다고 거절한다. 쿠노가 털어놓고 싶었던 비밀은 쿠노가 법을 어기고 지상에 다녀온 일이었다.

자신의 거절에 아들이 슬퍼 보이는 듯하지만 확신할 수 없다. 화상으로는 상대의 전체적인 이미지만 전송될 뿐, 표정이나 작은 몸짓에서 느껴지는 미세한 뉘앙스까지는 정확하게 전달하지 못하기 때문이다. 아들이 슬픈지조차 제대로 알 수 없으니 그의 절박함을 이해하고 공감하기도 어렵다. 비대면은 이처럼 타인에 대한 이해와 공감을 떨어뜨린다. 그렇지만 그녀는 이 정도로도 충분하다고 생각한다. 그들은 비대면 소통을 기능적·실용적·효율적인 것으로 여기면서, 비대면 소통으로는 가늠할 수 없는, 인간 상호작용의 핵심인 뉘앙스 같은 비언어적인 요소를 무시한다. 신체화된 상호작용에 대한 전체론적 감각을 무시한다. 바시티와 쿠노의 관계는 이러한 탈신체화를 보여주고 있으며, 부모와 자식 사이의 이해와 공감조차 냉랭해지는 디지털 친밀성의 문제를 지적하고 있다.

바시티는 우스꽝스러운 이전 문명에서는 사물을 사람에게 가져오는 것이 아니라, 그 사람이 사물에게 다가갔다고 회상한다. 그 사람들은 방 안의 공기를 환기시키는 것이 아니라 자신이 바깥으로 나가 새로운 공기를 들이마셨다. 사물을 직접 보려는 욕망 때문에 방이나 비행선에는 창문이 설치했다. 바시티 시대에는 기계들을 통해 모든 사물이 사람에게 오고 화상으로 바깥을 볼 수 있으므로 필요 없는 것들이다. 문명화된 비대면 사회에서 세련된 삶을 살아가는 사람들에게 사물을 직접 체험하는 것, 직접 대면하는 것은 불편한 느낌을 줄 뿐만 아니라 공포 그 자체가 되었다. 바시티는 아들의 부탁을 거절한 것이 마음에 걸려 아들을 찾아가려고 방 밖으로 한 발 떼어보려 하지만, '직접 경험의 공포'에 사로잡혀 자신도 모르게 다시 방 안으로 물러선다. 그러고는 아들에게 연락해서 몸이 좋지 않아 찾아갈 수 없다고 변명한다. 요즘 방콕하는 젊은이들 사이에서는 '집 밖은 위험해', '이불 밖은 위험해' 같은 너스레가 유행인데 바시티를 보면 이 말이 단지 우스갯소리가 아니라 물질적인 현실세계를 부담스러워하고 두려워하게 된 우리네 문화와 유사하다는 생각이 든다.

　　그러나 바시티는 며칠 후, 아들을 만나기 위해 여행
을 감행한다. 그녀는 기계서를 꼭 끌어안고 방을 나선다.
바시티처럼 할 수 없이 밖으로 나온 다른 사람들도 모두
손에 기계서를 쥐고 있다. 육각형의 방이 차곡차곡 쌓인
지구는 어디나 풍경이 똑같았기 때문에 여행을 다니는 사
람은 거의 없었다. 그래서 비행선은 구시대의 유물이나 마
찬가지였고, 밀폐된 방의 인공적인 공기가 익숙한 바시티
는 바깥 세상의 공기가 두렵기만 하다. 억지로 탑승한 녹
슨 비행선의 냄새는 불쾌하고 다른 승객의 직접적인 시선
이 몹시도 부담스럽다. 다른 승객들도 신체 접촉을 피해
각자의 선실에 멍하니 앉아 있다. 현실세계를 직접 경험하
는 일이나 대면 접촉에 대한 공포가 만연한 사회라고 할
수 있다.

　　바시티가 낡은 비행선의 고장난 블라인드 사이로 비
치는 햇빛을 피하려다 쓰러질 뻔하자 승무원이 그녀를 부
축하는, 기계 사회에서는 실로 야만적인 행동을 취한다.
바시티는 소리쳐 승무원을 비난하고, 일순 당황한 승무원
은 바시티가 쓰러지도록 놔두지 않은 것을 사과한다. 다른
사람의 몸에 손을 대지 말아야 한다는 것이 상식이었고,
접촉의 관습은 기계 덕분에 사라진 지 오래였다. 사람들
은 좀처럼 신체를 움직이지 않아 근육이 허약해졌고, 바시

티의 뚱뚱한 몸도 그래서 쉽게 균형을 잃은 것이다. 사람들은 바닥에 떨어진 책조차 집어들 힘이 없었고, 바시티도 마찬가지였다.

이 끔찍한 여행 끝에 드디어 아들의 방에 도착한 바시티는 교양인답게 아들의 손을 잡고 악수하지 않는다. 우리네 역시 코로나 팬데믹으로 악수나 포옹 문화가 일순간에 사라지는 경험을 하지 않았는가. 이제 인류는 반복되는 팬데믹과 함께 살아가야 할 운명이다. 코로나가 이전보다 심각해진다면, 혹은 코로나 이후에 더욱 강력한 전염병이 발생한다면 우리도 이들처럼 직접 대면을 야만적인 것으로 여기게 될지도 모른다. 타인과의 신체 접촉을 더는 원하지 않을 뿐 아니라 신체 접촉 자체를 예의 없거나 불쾌한 것으로 여기는 접촉포비아 사회가 도래할지도 모른다.

쿠노는 혼자 몸을 단련해 좋은 체력을 지닌 남자다. 하지만 육체는 멸시하고 불안한 영혼에만 집착하는 세계, 정신과 영혼과 기계만이 숭상되는 이 세계에서는 체력이 좋다는 것은 불리한 요소이다. 성장해서 체격이 건장하거나 체력이 좋을 것으로 예상되는 아이는 어릴 때 모두 제거된다. 그러한 아이를 살려둔다는 것은 진정한 친절이 될 수 없다고 여겨졌다. 기계 시대, 비대면 시대에 운동선수처럼 신체 능력이 뛰어난 사람들은 결코 행복할 수 없었다. 왜냐하면 그들은 타고 올라갈 나무, 헤엄칠 수 있는 강,

자신의 체력을 발산할 초원과 언덕이 필요할 텐데 지하에서는 제공할 수 없는 것들이기 때문이다. 그렇게 문명의 황혼기라는 소설 속 비대면 사회에서는 건장한 아이는 안락사당했다.

쿠노는 바시티에게 수천 년 전 조상들처럼 지상으로 나가 별을 보고 싶다고 토로하곤 했다. 그때마다 그녀는 반대했다. 이 완벽한 지하 기계 세계를 거부하고 금지된 황량한 지표면으로 나가겠다는 것은 괴팍한 행위를 넘어 시대 정신에 위배되는 미친 짓이었기 때문이다. 그런데 오랜만에 대면한 쿠노는 바시티에게 불법적인 방법으로 몰래 지상으로 나갔었노라 털어놓는다.

작은 방 안에서 기계의 도움으로 살아가는 사람들은 이제 공간 감각을 상실했고 체력도 떨어졌다. 그럴수록 그들은 기계에 의지하며 기계를 숭배했다. 기계 없이는 생존할 수 없다는 기계 숭배자들과는 달리 쿠노는, 열심히 체력을 단련해 혼자 힘으로 지상으로 나간 것이다. 게다가 콧수염까지 기르다니. 바시티는 아들을 탈육체적인 기계 문명을 거부하는 야만인으로 취급한다. 쿠노는 지상의 언덕은 생생하게 살아 있고, 풀밭은 지구의 피부 같고, 그 밑에 근육 같은 땅이 물결치고 있다고 열정적으로 이야기하면서 인간이 기계에 종속되어 지하에 살게 된 것을 기계 탓으로 돌린다. 바시티는 아들의 불경스러운 이야기를 듣고 연민과 혐오감으로 눈물을 흘린다.

지상이 궁금한 사람은 사진이나 자료를 찾아보면 될 터였다. 그들은 육체를 혐오하면서 영혼의 발전만 중시했다. 그렇게 물질적 세계와 단절되면서 근육과 감각 능력을 점점 잃어버렸고, 결국 탐구 의지나 호기심도 사라져 정신 세계마저 마비되고 왜곡되었다. 탈신체적인 비대면 사회, 디지털 문명은 무색무취하고 생기 없는 삶, 인간 퇴보의 가능성을 함축한다.

기계 숭배자들과 달리 쿠노는 "기계는 멈춘다The Machine stops"라고 예언했고, 그 말에 모두들 웃음을 터트렸다. 그러나 정말 기계가 멈추고 빛이 사라지고 통신 시스템이 붕괴되고 땅 밑 지하 세계가 고장나 무너지고 폭발하는 등, 문명이 끝장나는 날이 온다. 바시티는 그녀의 고장난 방, 즉 감옥의 문을 열고 도망치고, 찾아온 아들과 만나 서로의 손을 잡고 최후를 맞는다. 그리고 마지막 순간에야 인간은 정신이 아니라 "살로 만들어진 꽃the flower of all flesh"이었음을 깨닫는다.

그들의 문명은 왜 몰락한 것일까? 기계 시대에 몸이 소외되자, 영혼의 집인 육체는 빛을 잃어버리고 정신은 진창에 빠져 허우적거렸던 것이다. 포스터는 인간이 기계 문명을 숭배하면서 육체 또한 영혼 못지않게 중요함을 망각했기 때문에 종말을 맞이한 것이라고 역설한다. 그는 고도로 발전된 기술 문명이 야기한 탈육체적인 세상에 대한 망상을 풍자적으로 경고한다. 디지털 대항해시대가 가속화되는 시점에 선 우리 또한 메타버스에 매혹되어 소설 속 사람들처럼 비대면의 무색무취한 삶으로 퇴보하고 있지는 않은지 멈춰 서서 생각해봐야 한다.

아시모프와 포스터의 소설은 디지털 문명이 야기한 접촉포비아 사회에 대한 상상력을 바탕으로, 디지털을 매개로 한 간접적인 연결과 접촉이 육체적 친밀감을 훼손시켜 결국 인간을 파국으로 치닫게 할 수 있다는 절망적인 비전을 제시한다. 자연/문화, 육체/정신이라는 근대 이원론이 야기한 몸에 대한 소외·무시·억압의 결과가 파국임을 통찰한다. 기능과 효율, 이성과 정신만을 찬양하고 추구하면서, 몸과 물질과 행위를 무가치한 것으로 지워버리는 인식과 삶형태가 얼마나 위험할 수 있는지 보여준다. 그들이 기계 문명을 상상하며 경고했듯, 오늘날 가속화되는 비대면 사회가 가져올 탈신체화에 대한 여러 관점의 우려, 불안, 비판의 목소리를 높이는 이들에게 귀를 기울여야 한다.

친밀성을 강화하는
비대면

근접성 없는 친밀성

아시모프(1957)와 포스터(1909)의 두 소설은 디지털 문명의 새벽에, 디지털 문명이 야기할 부정적인 면을 부각함으로써 사회에 경고의 메시지를 전달한다. 그러나 기계 혁명과 디지털 문명이 인류에게 가져다준 순기능에 대한 언급은 찾아볼 수 없다. 한마디로 기술공포증적 관점이 두드러진다. 하지만 기술공포증은 새로운 기술을 만드는 데 쏟은 인간의 에너지, 지능, 상상력의 엄청난 투자를 부정한다는 점에서 부적절하다. 게다가 이것은 끊임없이 변화하면서 자신을 재창조하려는 인간 진화에도 역행하는 것이다. 세계와 인간은 고전적 양태로 존재하기Being보다 되기becoming의 과정에 있다. 오늘날 인간을 포함한 세계의 유일한 상수는 변화다. 되기의 과정에서 기술의 힘은 절대적이다.

새로운 기술이 처음 등장할 때에는 기술의 발전이 가져올 사회변화에 대한 두려움이 커서 기술의 부정적인 면을 부각해 재현하는 경향이 있다. 하지만 점차 시간이 지나면서 기술의 순기능도 깨닫게 된다. 비교적 최근인 2000년에 여성 작가가 쓴, 디지털 기술의 순기능을 다룬 작품도 한 편 소개하고자 한다. 앞의 두 소설이 가족들 사이의 이해와 공감, 친밀성의 감소를 야기하는 디지털 기술을 비판했다면, 박완서의 소설 《아주 오래된 농담》은 디지털 기술이 가족 사이의 적절한 거리를 유지하게 만들어 오히려 친밀성을 유지하고 강화함을 잘 보여준다.

소설에서 암 전문의인 중년의 심영빈은 가부장의 책임을 느끼고 미국행을 택한 형 심영준과 최근에야 이메일로 연락하기 시작한다. 그는 멀리 있는 형에게 이메일을 통해 소소한 일상과 가장으로서의 힘듦을 어리광을 부리며 토로한다. 그는 첫 번째 이메일에서는 '형님'이라고 존칭하지만 두 번째 이메일부터는 '형'이라고 친근하게 부른다. 영빈은 떨어져 지낸 지 오래되어 서먹서먹한 탓에 첫 번째 편지는 쓰기 어려웠지만, 두 번째부터는 말이 술술 나온다. 매일 컴퓨터를 켤 때마다 혹시 형에게 답장이 오지 않았을까 기대하게 되었으며, 어느새 위로받고 싶은 마음이 생겼음을 깨닫는다.

오랫동안 형제가 멀리 떨어져 몸으로 부대끼면서 지내지 않았으니 친밀감은 줄어들 수밖에 없었을 것이다. 연락 없이 지낸 오랜 시간과 지리적 거리를 훌쩍 뛰어넘을 수 있게 해준 것이 이메일이라는 디지털 기술이다. 이메일은 신기하게도 영빈이 마음의 문을 활짝 열고 속마음을 술술 털어놓게 만들면서 중년의 헛헛함을 위로하고 달래준다. 유명한 의사로서 매우 바쁜 영빈이 매일 지구 반대편의 형과 친밀하게 소통할 수 있게 해준다. 형과 직접 만났다면 영빈이 이렇듯 쉽게 마음을 터놓고 나이답지 않게 어리광을 부리지 못했을 것이다. 이메일은 영빈이 형과의 친밀한 관계를 재구성하고 그 속에서 매일매일 기대하고 하소연하고 위로받게 만든다. 형이 옛날에 끊어버린 가족이라는 끈을 이어붙여 가족이 굴레가 아니라 힘으로 작용할수 있게 만든 것이 바로 이 디지털 기술, 이메일이다. 근접성이 없으면서도 친밀한 관계를 맺을 수 있게 만든다.

영준과 영빈은 장남과 차남으로서의 입장과 이해가 많이 다르다. 영준은 핏줄이라면 무조건적으로 챙기고 함께하는 끈끈한 관계를 혐오했고, 장남 노릇이 버거워 미국으로 떠난 후 한 번도 한국을 찾지 않았다. 영빈은 형이 가족으로부터 자유로워지려고 미국으로 떠났다고 생각한다. 자칫 오해하거나 서운해하거나 반목할 수 있는 관계임에도 불구하고 이메일은 영빈의 속마음을 속절없이 털어놓게 만들면서 시간적 간극과 지리적 간극, 형제간 입장의 간극을 뛰어넘어 둘 사이에 진정성과 친밀성을 회복하게 만드는 순기능을 한다. 이처럼 멀어진 가족관계를 매개하는 디지털 기술은 장남과 차남의 입장과 이해 차이 같은 가족의 굴레에서 벗어나 적당한 거리에서 적절한 방식으로 소통할 수 있게 기능한다. 박완서는 가족의 지나친 밀접을 경계하면서도 근접성의 약화가 친밀성의 강화로 이어지는 역설을 조곤조곤 잘 풀어낸다.

박완서는 디지털 기술의 이러한 순기능뿐 아니라 문

제점도 놓치지 않는다. 편한 시간에 차분하게 자신의 이야기를 풀어낼 수 있는 이메일은 통화나 손편지보다 할 말을 걷잡을 수 없이 늘어나게 한다. 이는 소통의 내용을 풍부하게 만들지만, 자칫 중요하지 않은 말들로 여겨질 수 있다. 또한 이메일은 영빈의 말처럼 편지와 달리 구겨버리거나 태우지 않아도 클릭 한 번으로 감쪽같이 없어질 수 있어서 허망함과 허전함을 주며, 자신의 이야기에 즉각적으로 반응하는 청자가 없으므로 맥빠지는 소통 방식이기도 하다.

박완서 소설에 나타난 것과 같은 근접성에 관한 문제를 논한 인류학자가 에드워드 홀Edward T. Hall이다. 그의 저서 《숨겨진 차원: 공간의 인류학》에 따르면 모든 동물은 자기 영역을 설정해 동일 종의 다른 구성원으로부터 자신을 방어하려는 영토권에 대한 본능을 가진다. 생태계에서 적절한 거리는 생존을 위한 핵심적 요소다. 군집을 이루려는 동물의 근접성도 중요하지만, 밀접은 스트레스를 유발한다. 근접성은 긍정적·부정적으로 동시에 작동하므로 적절한 거리가 중요하다. 인간도 영토권이라는 동물적인 본능을 가지는데, 인간은 사회적 동물이라는 학습 때문에 그 사실을 인지하지 못하고 그 본능을 상실했다고 생각하기 쉽다. 적절한 공간과 거리를 서로 유지하려는 인간의 본능은 외면될 때가 많으나 엄연히 존재한다. 홀은 그 적당한 거리에 대한 감각을 '숨겨진 차원Hidden Dimension'이라고 부른다. 이 숨겨진 차원을 이해하고 서로 적절한 거리를 유지해야 관계에 문제가 생기지 않는다.

이는 인간 사이의 관계만을 설명하는 개념이 아니다. 숨겨진 차원을 이해하는 것은 동물이나 새롭게 등장한 로봇이나 인공지능 같은 다양한 비인간 존재들과의 관계에서도 매우 중요하다. 인간과 비인간의 관계는 사회가 변화함에 따라 역동적으로 바뀌고 이 변화하는 관계 속에서 친밀성을 유지하거나 높이려면 적절한 거리를 역동적으로 조절하는 기술이 필요하다. 현대의 디지털 기술과 인공지능 기술 등은 팬데믹 시대에 서로 만나지 않고서도 친밀성을 유지하고 증진할 수 있게 한다.

박완서의 소설은 주로 가족의 근접성이 가지는 굴레와 힘, 친밀성에 대한 공포와 열망을 보여주는데, 《아주 오래된 농담》에서는 가족의 근접성이 관계의 악화를 만드는 장면이 반복적으로 묘사된다.* 특히 '가부장적' 가족의 근접성과 과잉대면이 여성의 자율성을 제한하고 압박한다는 것을 드러낸다. 영빈의 아내는 시어머니가 미국의 형 집에 머물게 되자 신바람이 난다. 동생 영묘는 가부장적 이념과 자본주의적 속물성이 한데 얽힌 시집과의 끈끈한 대면 관

---

* 유인혁, 「박완서 소설에 나타난 근접성 없는 공동체와 친밀성의 테크놀로지-《아주 오래된 농담》을 중심으로-」, 《어문논집》 88, 2020, 169~194쪽 참조.

계에 휘둘리다 아픈 남편을 속절없이 잃는다. 이후 영묘는 시집의 그늘을 벗어나 자기가 뭘 원하는지 생각할 시간을 갖기 위해 미국으로 떠난다. 시집과의 근접성 약화로 그녀가 공부, 사업, 취직 등의 새로운 기회와 자유를 얻을 수 있음이 암시된다.

이처럼 이 소설은 대면으로부터 오는 고통과 비대면이 주는 친밀성 유지를 잘 보여준다. 영묘가 미국으로 떠날 수 있었던 것은 영빈이 영묘의 상황을 이메일로 여러 차례 미국에 있던 영준에게 자세히 알렸기 때문이다. 영빈이 이메일을 통해 구구절절한 걱정을 형에게 털어놓지 않았더라면, 영준은 그 심각성을 인식하지 못했을 것이다. 나아가 영묘를 동정하거나 영묘에게 공감하지 못해서 그녀를 시집에서 데려올 생각을 하지도 못했을 것이다. 이메일이라는 디지털 기술의 속성, 즉 실시간성과 편리성 덕분이라고 할 수 있다. 이 소설은 인터넷과 이메일 같은 디지털 기술이 단지 소통의 편리함과 물리적 거리의 극복을 위해 이용되는 것을 넘어 적절한 거리감을 유지하여 친밀성을 강화하는 데 이용될 수 있음을 보여준다. 디지털 기술로 야기된 근접성의 약화, 즉 비대면은 보통 친밀성을 약화시킨다고 생각하기 쉽지만, 오히려 디지털 기술이 야기한 적절한 거리감은 친밀성을 강화하는 역설적인 힘을 가진다.

대면의 고통과 안전한 접촉지대

영준은 한국인들이 맺는 가족·친구·친척 관계는 백인들이 맺는 관계에 비해 흉허물이 없고 끈끈하다고 생각한다. 이 끈끈함은 불행과 행복의 근원이다. 가부장사회인 한국에서는 가족의 근접성과 끈끈한 대면이 굴레가 되는 경우가 많으며, 특히 여성에게 더 그렇다. 여성에게는 가족의 근접성과 대면이 오히려 가족과의 진밀성을 약화시킬 뿐만 아니라 그로 인해 폭력적인 상황을 처하게 될 때도 많다. 비대면 문화가 확산되면서 집콕이 늘고 타인과 만나는 시간은 줄어들었지만, 집에서 지내는 만큼 가족이 직접 대면하는 시간은 늘어났다. 가족의 사이가 좋아진 가정도 있겠으나 그보다는 직접 대면의 증가가 야기한 부정적 파장이 너무도 크고 깊다. 사회적 거리두기로 인한 비대면 삶형태로 인해 가정폭력의 피해자들인 여성, 아동, 반려동물이 집 안에서 가해자인 남성과 지내야 하는 시간이 늘면서 세계적으로 가정폭력이 급증했다. 비대면 삶형태가 초래한 코로나 블루로 가족 구성원의 우울과 스트레스가 배가되어 그 잔혹성도 심각해지는 결과를 낳았다. 각국 정부에서는 심각해지는 가정폭력에 대응 방안을 내놓고 있으나 역부족으로 보인다. 급기야 안토니우 구테흐스 António Guterres 유엔 사무총장은 팬데믹 선언 이후 각국 정부가 여성에 대한 폭력 예방을 코로나 대책의 핵심 과제로 다룰 것을 촉구했다.

　여성 인권 단체 한국여성의전화가 코로나 팬데믹 기간인 2020년 1년 동안 언론에 보도된 사건들을 분석하여 펴낸 보고서에 따르면 팬데믹 기간에 발생한 여성에 대한 폭력은 심각한 수준이다. 남편이나 애인 등 친밀한 관계의 남성에 의해 살해된 여성은 최소 97명, 살인미수 등 목숨을 위협하는 폭력을 경험했으나 다행히 살아남은 여성은 최소 131명으로 나타났다. 피해 여성의 자녀나 부모, 친구 등 주변인이 중상을 입거나 생명을 잃은 경우도 최소 57명에 달했다. 여성이 남편이나 애인 등 친밀한 관계의 남성에 의해 살해되거나 살해될 위험에 처했던 사건이 1.6일마다 1건씩 보도된 것이다. 주변인 피해까지 포함하면 1.3일에 1건으로 볼 수도 있다. 이는 한국여성의전화에서 언론에 보도된 친밀한 관계의 남성에 의한 여성의 살해·폭력 피해를 분석해온 12년 동안 가장 높은 수치다. 그러나 이 통계는 언론에 보도된 최소한의 수치이므로, 보도되지 않은 사건과 신고조차 되지 않은 경우까지 포함하면 친밀한 관계의 남성에 의해 살해되거나 폭력을 경험한 실제 피해 여성의 수는 훨씬 많을 것이다.*

*　〈2020년 분노의 게이지: 언론 보도를 통해 본 친밀한 관계의 남성에 의한 여성살해 분석 보고서〉, 한국여성의전화, 2021 참조.

2020년 언론에 보도된 친밀한 관계의
남성에 의한 여성살해 피해자 수

	배우자관계	데이트관계	기타	소계	주변인	총계
살인	45	48	4	97	18	115
살인미수 등	50	77	4	131	39	170
누계(명)	95	125	8	228	57	285

*배우자관계: 현재 또는 과거 (사실)혼인 상태의 아내
*데이트관계: 현재 또는 과거 데이트 관계의 여성(동거, 소개팅이나 채팅, 조
    건만남 등 포함)
*기타: 배우자나 데이트 관계가 아닌 상대방이 일방적으로 교제나 성적인
    요구를 하는 관계 등

유럽의 상황 역시 심각하다. 유럽연합 집행위원회 보
고서에 따르면 프랑스에서는 2020년 봉쇄 조치 첫 주에
가정폭력 신고 건수가 32% 급증했다. 리투아니아에서는
3주 동안 20%가 늘었다. 아일랜드에서는 가정폭력에 대
한 조치가 5배나 많이 내려졌고, 스페인에서도 2주 동안
가정폭력 신고 전화가 18% 늘었다. 가정폭력은 자녀를 둔
커플 사이에서 더욱 빈번해 사회경제적 폐해가 장기간 지
속될 것으로 우려된다. 가정폭력 피해 여성들은 가해자에
게서 벗어나 머물 곳이 마땅치 않고 경제적 자립 능력도
떨어진다. 봉쇄 기간 중에는 아이를 맡길 곳이 없어 가정
폭력을 당하면서도 떠나지 못하는 사례가 많았다고 한다.
    여성에게 가장 안전한 곳은 자신의 집 또는 가족의

품이라는 상투적인 말은 허구이다. 가정이야말로 '페미사이드Femicide'의 위험이 가장 큰 곳이다. 페미사이드란 '남성에 의한 여성혐오적 여성살해'를 의미하는, '여성female'과 '살해homicide'의 합성어다. 이는 남편들이 아내의 섹슈얼리티를 배타적으로 소유·통제하려는 동기에서 기원한다. 질 래드퍼드Jill Radford는 《페미사이드》에서 '혼인증명서가 살인면허증이 된다'고 지적한다.* 가장 극단적 형태의 여성차별적 테러리즘이라고 할 수 있다. 이 용어는 1976년 여성대상범죄국제재판소ITCW에서 있었던 여성혐오 살해에 관한 증언에서 처음으로 사용되었다.**

성차별적이고 가부장적인 한국 사회에서 피신할 곳 없이 집 안에 갇힌 여성들을 향한 페미사이드의 증가는 가속화된 비대면 사회가 심화시킨 어두운 그림자이자 여성에 대한 족쇄라고 할 수 있다. 근접성 없는 친밀성을 가능하게 하는 디지털 기술이 대면의 고통에 처한 여성들을 구해낼 수 있는 방법을 우리는 생각해내야 한다. 박완서의 소설에서처럼 말이다.

이러한 대면의 고통에 시달리는 존재는 여성만이 아

---

* 다이애나 E. H. 러셀·질 래드퍼드 엮음, 《페미사이드: 여성혐오 살해의 모든 것》, 전경훈 옮김, 책세상, 2018, 498쪽 참조.

** 다이애나 E. H. 러셀·질 래드퍼드, 위의 책, 17쪽 참조.

니다. 동물들 역시 대면의 고통에 노출되어 있다. 흔히 동물원에서는 동물 체험을 한다며 사람들에게 어린 동물들을 데려와 '만져보세요. 먹이를 줘보세요'라고 격려한다. 이는 동물들에게 끔찍한 스트레스다. 동물이 겪는 대부분의 접촉과 대면은 동종을 제외하고는 포식 상황에서 발생하기 때문이다. 인간과의 접촉은 동물들에겐 공포 그 자체다. 물론 집에서 키우는 반려동물은 다르지만, 그들도 우리가 아무 때나 만지는 것은 싫어한다. 동물을 직접 만진다고 생태 감수성이 높아지는 건 아니다. 체험이 아닌 관찰을 통해서도 자연에 대한 감수성과 친밀성은 충분히 키울 수 있다. 비대면 관찰이 직접 대면보다 야생의 자연과 공존하기 위한 좋은 방법일 수 있다. 물론 자연과 아예 접촉하지 않을 수는 없다. 인간과 자연이 대면 접촉을 통해 서로 익숙해지고 연대하는 일도 중요하다. 특히 인간과 야생동물의 관계에서는 적절한 거리감, 대면-비대면의 정교하고 역동적인 조합을 만들어내는 유능함이 필요하다.

마거릿 애트우드Margaret Atwood의 SF소설 《홍수의 해》에서 팬데믹이 인간들을 휩쓸자, 새소리를 삼키던 자동차 소리는 더 이상 들리지 않는다. 작은 새들의 목소리가 날카롭고 청아하게 울려 퍼지고, 온갖 동물들이 활개를 치고 돌아다니며, 폐허가 된 문명의 잔해들 위로 칡들이 기어오른다. 인간이 만든 오염 물질들이 치워지니 공기도 아주 맑아졌다. 세상이 새롭게 정비되는 이러한 '재생rebirth' 의 첫 순간은 이제 SF소설의 한 장면이 아니다. 코로나 팬데믹으로 지구인들이 각자의 공간에 격리되자 자동차, 항공기, 배, 공장이 멈춰 인간이 사라진 땅과 바다와 하늘에 야생동물들이 대거 출현하는 진풍경이 세계 곳곳에서 목격되었다. 마치 인간들의 행동을 계속 지켜보면서 때를 기다렸다는 듯이 일시에 말이다. 야생동물들의 자유로운 활동을 인간들이 억누르고 있었음이 분명히 드러나는 순간이었다. 코로나 팬데믹은 가이아의 일부일 뿐인 인류가 다른 구성원들의 자리를 빼앗아 독점하면서 지구 온난화와 기후위기를 야기하여 다른 생명들의 생존을 위협하고 있음을 확실히 보여주었다. 이것은 야생동물과 인간의 접촉 방식에 대해 질문하고 생각하게 만든다.

우리는 존재적 거리에 기반을 둔 공존의 생태계를 이야기할 수 있을 것이다. 어떤 바이러스는 역사적으로 인간의 유전체 안에 거주하면서, 반려종companion species*으로서 인간의 발생과 진화에 개입했다. 그들이 없었다면 인간은 지금과 같은 모습으로 진화하지 못했을 것이다. 하지만 우리는 어떤 다른 바이러스들, 예를 들어 코로나19 팬

---

* 해러웨이는 반려 관계를 보다 확장하여 '반려종'이라는 개념을 만드는데, 반려종은 생물학적 종species 범주를 넘어서 동식물 및 기계 등을 포함한 모든 종을 가로지르는 반려 관계를 단위로 한다.

데믹을 야기한 '2019-nCoV'와는 존재적 거리, 비대면을 유지해왔다. 열대우림의 야생동물들과 생태학적 거리를 두었더라면, 비대면을 유지했더라면 그들과의 반려종인 이 바이러스가 숙주를 잃어버리고 인간을 먹잇감으로 올라타진 않았을 것이다. 코로나19 팬데믹이라는 인간과 바이러스의 갈등 관계는 줄었을 것이다.

바이러스뿐만이 아니다. 어떤 동물들은 가축이나 반려동물로서 인간과 함께 삶을 같이해왔지만, 인간에 의해 절대 길들여지지 않는 야생동물도 있다. 지구라는 개방적 공존지에서 모든 생명은 공유 자원을 시간적·공간적으로 분할하여 활용한다. 인간은 이들과 안전 거리, 존재적 거리를 역동적으로 유지하면서 가이아의 구성원으로서 다른 생명들과 함께 살아가야 한다. 이러한 맥락에서 도나 해러웨이는 '근접성 없는 친밀성intimacy without proximity'을 강조한다.

팬데믹 시대를 사는 우리가 시급히 발명해야 할 것이 바로 이러한 종류의 친밀성이다. 위생과 방역과 백신을 이야기하면서 바이러스와의 공존 자체를 부정하거나 종결시키려는 우를 범해선 안 된다. 인간과 미생물의 공생 관계나 상호의존적 관계 덕분에 인간은 물질적·정신적 건강을 유지할 수 있었다. 항생제의 남용이나 지나친 위생 관념 때문에 오랫동안 유지되던 인간-미생물 접촉과 얽힘이 줄어들면서 현대인들은 새로운 병에 시달리고 있다. 비인 간들이 인간의 활동을 허용하고 참아낼 수 있는, 그들에게 위협이 되지 않는 만남과 관계들이 가능해지는 여러 조건과 접촉지대contact zone들을 늘 탐색하고 발명해야 한다. 스페인 독감 이후 인수공통전염병은 지속적으로 출현했다. 우리와 야생동물과의 기존의 접촉 방식과 존재적 거리가 바뀌지 않으면 팬데믹은 계속 이어질 것이다.

동물권에 대한 관심이 높아지면서 인간과 야생동물의 오랜 직접적 접촉 방식의 하나인 매사냥에 대한 찬반논쟁이 뜨겁다. 이에 찬성하는 대표적인 영국의 생태작가 헬렌 맥도널드Helen Macdonald는 매사냥이 자연에 대한 경이wonder와 책임감responsibility을 키우는 방법이라고 보는 한편, 인간과 매의 비대면 접촉방식인 '팰컨 웹캠falcon webcam'도 환영한다. 팰컨 웹캠은 도심 빌딩에 자리 잡은 매 둥지에 웹캠을 달아 대중들에게 생중계한다.* 그러나 매사냥에 반대하는 측은 매사냥이 동물을 착취하고 학대하는 잔인하고 원시적인 활동이라고 보면서, 사냥보다는 비대면 방식인 조류 관찰이 오늘날에 더 적합한 관계 맺음이라고 본다.

인구가 급증하고 세계는 점점 도시화되면서 어느 때

---

*   헬렌 맥도널드, 《팰컨》, 김혜연 옮김, 경향미디어, 2017 참조.

보다도 도시에 사는 맹금류가 많아졌다. 이 새들은 도시의 고층 빌딩과 아파트를 둥지로 삼는다. 사람이 사는 도시에 적응한 기회(편의)주의적인 맹금류를 '도시 맹금류urban raptor'라고 부른다. 사람들은 팰컨 웹캠을 통해 도시 맹금류를 관찰하면서 맹금류와 유대감을 형성한다. 팰컨 웹캠은 인간과 야생동물이 거리를 둔 친밀성을 구축할 수 있는 비대면 공존 방식의 하나라고 할 수 있다. 예를 들어 웹캠으로 중계되는 TV를 보던 한 시청자가 아기새에게 문제가 있는 것 같다며 전화를 걸어와서, 관계자가 출동하여 음식이 목에 걸린 아기새를 구한 적이 있다. 이러한 우호적이고 반복적인 인간 행위들을 경험하는 야생동물들은 인간을 적이 아니라 친근한 존재로 알아갈 것이다. 팰컨 웹캠은 인간과 야생동물이 서로를 알아가면서도 서로에게 위협이 되지 않는 만남과 관계들, 우정과 환대가 가능해지는 안전한 접촉시대의 발명이라고 할 수 있다.

　코로나 팬데믹은 인간들에게 세계와 지나친 밀접을 피하라는 경고다. 인간-인간, 인간-자연 사이의 적당한 거리를 유지하라는 지상명령이다. 팰컨 웹캠이나 줌zoom 회의 같은 비대면 기술들은 인간과 인간, 인간과 동물 사이의 절제된 접촉을 가능하게 하여 건강한 지구를 만드는, 지구를 지키는 역할을 한다. 디지털 기술의 순기능이라고 할 수 있다.

미래 공장의 직원은 사람 한 명과 개 한 마리, 이렇게 딱 둘 뿐일 거라는 농담이 있다. 사람이 하는 일은 개에게 먹이를 주는 것이고, 개가 하는 일은 사람이 기계를 절대 건드리지 못하게 지키는 것이다. 무한한 능력과 합리성을 지닌 로봇 기계들에 비해 현저하게 오류를 많이 일으키는 인간을 폄하하는 자학적인 농담이지만, 나는 이 농담이 미래에는 인간-동물-기계의 관계가 매우 중요해지며, 이 관계에서 인간이나 로봇 기계만큼 동물의 역할도 매우 중요해짐을 무의식적으로 암시한 것처럼 보인다. 이 농담을 지구 가이아에 적용하면 이렇게 바뀌지 않을까? 미래의 지구에서 인공지능 웹캠은 가이아가 잘 돌아가는지 모니터링하고 개는 사람이 인공지능을 의심하고 무시하려 할 때마다 무는 것이다.

이제 웹캠으로 대변되는 디지털 세계, 가상세계로 다시 돌아가 보자.

(6)

피지털 컨택트

현실과 가상의 얽힘: 멀티 라이프

현실세계와 디지털 가상세계는 상호 침투하면서 얽혀 있어서 두 세계에서의 경험은 점점 구분하기 어려워지고 있다. 현실세계에서 타인과 상호작용하면서 생각하고 느끼고 행동하는 것처럼 디지털 가상세계에서도 마찬가지다. 사람들은 가상세계에서도 현실세계에서처럼 좌절, 욕구불만, 위안, 자기발견과 자기변혁의 가능성까지 느낀다. 광장에서의 물리적 시위가 온라인 시위로 옮겨가 더 가열차게 진행되기도 한다. 게임 속 온라인 파트너와의 가상적 관계에서 일어난 외도 때문에 신체적 스트레스를 느낀다는 연구도 있다. 디지털 가상세계는 가짜이고 현실세계는 실제라는 이분법에 빠지지 말아야 한다. 디지털 가상세계는 가짜가 아니라 또 다른 현실이다.

현재는 주로 사이버공간이 정보를 공유하거나 쇼핑과 게임을 즐기거나 이메일과 메신저를 통해 의사소통하는 공간이지만, 앞으로 사이버공간의 역할은 계속 확장될 것이다. 과학과 컴퓨터 기술의 발전에 인간의 상상력이 결합하여 현실세계보다 강렬한 현전감을 주는 생활 영역으로 변화할 수도 있다. 그렇게 디지털 가상세계는 가상을 넘어 우리의 현실이 된다.

셰리 터클은 다트머스대학교 2학년인 한 학생을 예로 들어 가상세계와 현실세계의 연결을 설명한다. 이 학생은 다양한 게임을 즐기며 여러 개의 캐릭터로 살아간다. 또한 컴퓨터 스크린에 여러 개의 창을 동시에 띄워놓고 이 창 저 창으로 이동하면서 여러 개의 마음으로 살아간다. 터클은 각각의 컴퓨터 창에서의 삶은 여러 세계에 동시에 존재하면서 다수의 역할을 동시에 수행하는 분배된 자아의 삶이라고 말한다.* 이 학생에게 실제 생활은 또 하나의 창일 뿐이다.

생물학 박사이자 과학 전문 작가인 클리퍼드 픽오버 Clifford Pickover는 〈우리는 모두 가상이다〉라는 글에서 미래의 삶을 묘사한다. 미래의 우리는 10가지 시뮬레이션 라이프를 만들어내어, 낮에는 프로그래머로 일하지만 퇴근 후에는 반짝이는 갑옷을 입은 중세의 기사로 살게 될 것이다. 가상세계에서 연회에 참석해 음유시인이나 아름다운 여인과 어울릴 것이다. 어느 날 밤에는 르네상스 시대의 이탈리아 해안가에 지어진 아름다운 별장에 머물며 물떼새와 왜가리 요리를 즐길 것이다. 우리가 즐기는 삶들, 10가지 시뮬레이션 라이프와 하나의 현실적인 삶은 우리의 총체적인 경험을 대표하며, 현실세계에서의 삶은 우리에게 가능한 모든 삶 중 한 가지 삶일 뿐이라고 말한다.**

---

*   셰리 터클, 〈생각을 일으키는 대상으로서의 컴퓨터 게임〉, 《베스텐트 한국판 2013.1》, 2013, 137쪽 참조.

**   클리퍼드 픽오버, 〈우리는 모두 가상이다〉, 존 브록만 엮음, 《위험한 생각들》, 이영기 옮김, 갤리온, 2007 참조.

터클이 설명한 학생과 픽오버는 이론적으로는 아날로그 현실과 디지털 세계를 구분할 수 있지만, 실제로 우리가 두 세계에 동시에 존재하고 있음을 잘 보여준다.

인류학자 팀 잉골드Tim Ingold는 《팀 잉골드의 인류학 강의》 1장 〈인간에 대한 진지한 접근〉에서 어떤 돌들은 살아 있다고 믿는 오지브와족의 이야기를 들려준다. 과학의 권위가 중요한 현대인은 환상과 사실을 분리하는 게 당연한 진리라고 생각하지만, 오지브와족은 실제 경험과 상상(환상)이 우리가 믿는 것처럼 그렇게 쉽게 구분되거나 크게 다른 것은 아니라고 본다. 꿈도 하나의 경험이어서, 꿈의 세계가 깨어 있는 삶과 연관이 깊다고 여긴다.

장자莊子의 호접몽胡蝶夢 일화에서 장자는 꿈에서 나비가 되어 세상을 날아다닌다. 꿈에서 깬 장자는 '나는 원래 나비인데, 장자라는 사람이 된 꿈을 꾸고 있는 것은 아닌가?'라고 생각하며 혼란스러워 한다. 장자가 꿈에 나비가 된 것인가, 나비가 꿈에 장자가 된 것인가? 무의식과 의식, 꿈과 현실이 연결되어 있듯 메타버스와 현실은 연결되어 있다. 지금 우리가 사는 현실은 장자의 꿈속인지도 모른다. 우리는 두 세계, 꿈과 현실에 동시에 존재하며 살아간다.

이러한 장자의 도가사상에 영향을 받은 서양 작가가 바로 SF의 거장 어슐러 K. 르 귄Ursula K. Le Guin이다. 그는

14세에 《장자》와 《도덕경》을 읽었고, 직접 《도덕경》을 번역하기도 했다. 그는 노장사상이 자신의 '작품의 근간'을 형성한다고 고백한 바 있다.[*] 1972년에 발표한 SF소설 《세상을 가리키는 말은 숲》에는 꿈과 현실에 동시에 존재하는 애스시인the Athsheans이 나온다. 숲에 모여 사는 애스시인들은 살인을 모르며 꿈을 꾸는 자들인 반면, 애스시Athshe 행성을 식민지 삼아 무분별하게 숲을 벌목하는 지구인들은 꿈을 꿀 줄 모르는 살인자들이다. 이들의 꿈은 지구인들의 꿈과는 다르다. 지구인들은 자면서 꿈을 꾸지만 애스시인들은 자는 듯이 보이지만 뇌파는 깨어 있는 '역설적 수면 상태paradoxical sleep', 즉 완전히 깨어 있는 상태로 꿈꾸는 방법을 훈련한다.

애스시인들에게 꿈의 세계는 현실 세계와 함께 실재reality를 구성하는 하나의 축이다. 꿈은 현실 세계와 더불어 그들의 삶을 구성하는 중요한 요소다. 꿈과 현실 중 근본은 꿈이지만 동등하고 긴밀하게 연결되어 있다. 연결고리는 꿈 속의 체험, 즉 무의식이 지각한 것을 소리내어 말하는 꿈꾸는 자다. 꿈꾸는 자의 온전한 정신은, 현실(이성)의 날카로운 날 위에서가 아니라, 꿈과 현실(이성)이 이중

* 강용기, 「르귄의 《세상을 가리키는 말은 숲이다》에서 '꿈'의 은유와 그 정치학」, 《영어영문학21》 Vol. 28 No.1, 2015, 5~23쪽 참조.

지원하는 섬세한 저울 위에서, 두 실재가 평형을 이루도록 한 후, 현실 속에서 행해져야 할 새로운 일을 제시한다. 이 새로운 일(행위)에 의해 현실이 바뀐다. 이렇게 현실 세계의 변혁은 꿈과 연결되어 있으며 이것이 실제 삶에서 기능하는 꿈의 효용성이다. 그들에게 꿈은 비이성non-reason, 비합리적 예지 등과 연관되면서, 종species평등, 인종평등, 성평등이라는 가치의 실현 가능성을 상상하도록 이끄는 근본적인 힘이다. 그래서 그들은 느리고 깊이 있게 큰 꿈을 꾸는 시간을 갖길 원한다.

애스시인들에게 꿈 세계와 현실 세계는 분리되지 않는 동전의 양면과 같다. 이론적으로는 두 개의 실재를 구분할 수 있지만, 실제로는 구분되지 않는다. 꿈과 현실은 긴밀하게 얽혀서 애스시인들의 삶을 공구성co-constitution, 함께 만든다. 그들의 삶은 꿈과 현실, '꿈시간dreamtime'과 '세계시간world-time'의 역동적인 조화, '준안정적인 평형 상태metastable equilibrium'에 기반한다.

반면 지구인들은 세계시간과 꿈시간이 동전의 양면인 줄 모른다. 완전히 분리되어 서로 상관이 전혀 없다고 생각한다. 세계시간을 '현실'이라고 부르고 꿈시간을 '비현실'이라고 부르면서, 현실만이 가치가 있으며 중요하다고 생각한다. 이런 지구인들, 꿈/현실, 비이성/이성, 자연/문화를 구분하여 차별하는, 이항대립적인 데카르트적 이원론에 물든 지구인들을 애스시인들은 이해할 수 없다.

르 귄의 소설에서처럼 모든 지구인들이 꿈과 현실을 완전히 다른 것으로 구분하고 꿈을 '비현실'로 여기는 것은 아니다. 에두아르도 콘Eduardo Kohn은 《숲은 생각한다》에서 에콰도르의 아마존강 상류 유역에 사는, 케추아어를 쓰는 루나족runa에게 꿈꾸기는 일상생활과 얽혀 있는 제2의 생활이라고 말한다. 그들에게 꿈은 경험적인 것의 일부이며 하나의 현실이다. 그들은 꿈이 세계로부터 비롯되며, 세계에 대해 작동한다고 믿는다.*

우리가 새롭게 만들어가는 디지털 현실은 애스시인들의 꿈과 함께 가상공간이라는 큰 범주에 속한다. 이 가상공간은 아날로그 현실과 분리된 것이 아니다. 그 둘의 긴밀한 얽힘과 내부작용, 섬세한 저울 위에서 평형을 이루는 조화는 서로를 추동하여 실제를 바꾸는 힘을 갖는다. 디지털 가상세계에서 다양한 인종, 민족, 문화의 사람들이 어울리는 경험을 통해 개인의 차별적 시선과 사회적 편견이 영향을 받아 현실세계의 차별과 혐오가 줄어들 수 있다. 현실세계의 차별과 혐오가 줄어든다면 디지털 가상세계에도 이러한 변화가 반영된다. 마찬가지로 비행 조종 시뮬레이션을 통해 현실 세계 속의 몸에 비행 경험이 일정

---

* 에두아르도 콘, 《숲은 생각한다》, 차은정 옮김, 사월의책, 2018 참조.

정도 축적되어 실제 조종 능력이 향상되고, 이는 당연히 비행 조종 시뮬레이션 실력 향상으로 다시 이어진다. 이처럼 디지털 현실은 단순한 가짜가 아닐 뿐만 아니라 물질적 현실과 분리되어 있지 않은, 세계라는 동전을 구성하는 양면과 같다. 디지털 현실과 물질적 현실은 서로 영향을 주고받으므로 이 둘이 완벽하게 분리되어 있다는 이분법을 해체하고 디지털 현실의 의미를 이해하며 적극적으로 이용해야 한다.

몸과 마음의 얽힘: 사이버 몸

현실과 가상처럼, 몸과 마음도 서로 복잡하게 얽혀 있다. 그래서 우리가 흔히 가상세계를 마음의 영역, 현실세계를 몸의 영역으로 구분하는 것은 그 진정한 의미를 놓친다. 몸과 마음은 서로 침투해 있어서 분리되지 않는다. 몸과 마음이라는 용어로 구분하고는 있지만, 고미숙의 말처럼 몸은 곧 마음의 표현이고 마음은 곧 몸의 표현이다.*
뫼비우스의 띠처럼 불연속적인 것들이 연속되어 있기 때문에 서로 엄밀히 분리할 수 없다. 현실과 가상처럼, 몸과

---

* 　고미숙, 「사이버공간과 몸 교육」, 《교육과정평가연구》 vol.9 no.2, 2006, 34쪽 참조.

마음은 상호 침투하면서 얽혀 있다. 우리는 가상과 현실의 이분법 뿐만 아니라 몸과 마음의 이분법 역시 해체할 필요가 있다.

물리적 거리를 두면서도 일정한 사회적 연결이 가능한 디지털 세상에서는 디지털 가상세계에서라면 모든 것이 실현될 수 있을 것 같다는 기대가 생겨나고, 현존하는 몸과 세계를 경시하는 경향이 있다. 육체보디 정신의 우월성을 강조하면서 방 안에 격리된 몸을 무시하고 돌보지 않는 현상은 근대 이분법에 너무도 익숙해져서 발생하는 문제이다. 1990년대 초반까지도 몸을 바라보는 학계의 지배적인 분위기는 구성주의적이었다. 몸이 구성된다는 말은, 몸을 정신이 마음대로 주무를 수 있는 찰흙 같은 것으로 간주한다는 의미이다. 시몬 드 보부아르Simone de Beauvoir 역시 '여성은 태어나는 것이 아니라 만들어진다'고 주장했다. 이러한 주장을 밀고 나가다 보면 주어진 몸의 생물학적 소여所與는 무시된다. 물질적인 몸은 무시되고 소거된다. 이러한 구성주의적 관점에 대한 비판이 있었지만, 몸의 물질성materiality을 복원하고 담론화할 수 있는 방법론이 부재했다. 이 상황에서 등장한 신유물론new materialism은 몸에 대한 새로운 시각을 확보할 수 있는 토대가 되었다. 신유물론자들은 자연/문화 이원론적 구조를 해체하면서 물질과 정신이 분리불가능한 연속체라고 본다.

신유물론의 대표적 이론에는 브루노 라투르Bruno Latour의 행위자연결망이론actor-network theory, 퀑탱 메이야수Quentin Meillassoux의 사변적 실재론과 그레이엄 하먼Graham Harman의 객체지향존재론object oriented-ontology, 로지 브라이도티Rosi Braidotti, 도나 해러웨이, 캐런 바라드로 대표되는 페미니즘적 신유물론feminist new materialism 등이 있다. 이러한 이론들은 세 가지 핵심을 공유한다. 첫 번째는 자신이 관계를 맺는 네트워크에 따라 속성과 역량力量, puissance이 달라진다는 '관계적 물질성'이고, 두 번째는 닐스 보어Niels Bohr의 양자역학적 인식틀[*]과 스피노자Baruch Spinoza의 '일원론적 우주monistic-universe' 개념[**]을 이용하여 자연/문화라는 이원론적 구도에서 빠져나오는 '일원론적 존재론'이며, 마지막 세 번째

[*]   이론물리학자인 보어는 양자역학적 물질의 운동량과 위치를 동시에 정확히 알 수 없다는 불확정성을 설명하기 위해 '상보성 원리complementarity principle'라는 철학적 개념을 제안한다. 그는 인간이 입자를 관찰할 때 두 물질(인간과 입자) 사이에 경계가 없어지면서 뒤얽힌다고 말한다. 따라서 우리가 인식하는 물질은 '물질들의 얽힘entanglement' 속에 '현실화한enacted' 형태로서의 물질, '물질화한mattering' 물질이다. 캐런 바라드는 보어의 인식-존재론에 주목하여 물질과 의미는 분리된 요소들이 아니라고 말한다.

[**]   스피노자는 우주가 하나의 궁극적 원인으로부터 출현했으므로 정신과 물질, 문화와 자연이 다른 종류처럼 보일지라도 하나의 실체에 의해 지배되는 다른 측면들이라고 주장했다. 이러한 그의 일원론적 우주 개념은 모든 것이 물질이자 마음이자 신이라고 본다.

는 비인간 행위 능력에 주목하는 '포스트휴머니즘'이다.*

신유물론에 따르면 물질과 담론(정신), 자연과 문화는 분리불가능한 연속체이다. 신유물론은 논의의 초점을 대상에서 관계relation, 네트워크network로 이동시킨다. 본질보다는 관계맺기가 중요한데, 본질은 관계를 맺은 후에 생성되기 때문이다.

이러한 새로운 통찰을 선도하는 중요한 학자로 생물학자이자 페미니스트인 해러웨이를 꼽을 수 있다. 그는 자연/문화 이분법을 무너뜨리기 위해 먼저 사이버네틱스Cybernetics 이론에 주목한다. 이 이론에 따르면 명령command, 제어control, 소통communication, 정보intelligence라는 C3I 체계가 구성되기만 하면 탄소 기반의 유기체와 실리콘 기반의 기계는 하나의 정보시스템을 구성할 수 있는데, 이것은 유기체와 기계 사이의 전통적인 구분과 위계를 무너뜨린다. 이는 수천 년의 유구한 역사를 가진 자연/문화, 육체/정신, 여성/남성라는 데카르트의 이항대립적인 이원론을 벗어날 수 있음을 시사한다.

해러웨이는 육체와 정신, 자연과 문화는 구분되지 않는 것이므로 '자연문화natureculture'라고 부르면서 둘 사이

---

* 김환석, 『사회과학의 새로운 패러다임, 신유물론』, 《지식의 지평》 제25호, 2018, 5 ~ 6쪽 참조.

의 분리불가능성과 상호의존성을 강조한다. 이러한 자연문화의 예로, 인간과 기계가 결합한 사이보그Cyborg와 반려종 개를 가져온다. 길들여진 반려종 개는 오랜 세월 인간과 함께 공진화coevolution하면서 자연과 문화의 경계를 오염시키는 존재이기 때문이다. 사이보그와 개는 육체와 정신, 자연과 문화, 인간과 비인간 사이의 '역동적인 물질화 과정dynamic process of materialization'을 잘 보여주는 예라고 할 수 있다.*

　　신유물론의 관점에서 육체와 정신, 몸과 마음은 분리된 것이 아니라 하나이므로 사이버공간에서도 몸은 여전히 중요하다. 우리는 물질적인 몸뿐만 아니라 사이버 몸(사이버공간의 몸)처럼 확장된 몸, 여러 개의 아바타로 살아가는 복수적인 몸에 대한 시각과 그 의미를 이해할 필요가 있다. 우리는 몸 없이는 현실세계에서든 사이버공간에서든 활동할 수 없다. 그럼에도 사이버공간에서는 몸이 필요 없는 것처럼 여겨지고 있다. 대면에서 비대면으로의 전환에서 몸이 희미해지면서 정신이 몸보다 중요하다는 인식이 강화된 것 같다. 그러나 사이버공간의 몸과 물질적인 몸 모두 우리의 몸이다. 현실세계가 면대면 의사소통이 이

---

*　　Haraway, Donna, 《Manifestly Haraway》, U of Minnesota P, 2016. p.281.

루어지는 공간이라고 한다면, 사이버공간은 디지털 기술을 통해서 비대면으로 만나게 되는 공간이다. 대면이든 비대면이든 만남은 몸을 전제로 한다.

평론가 고미숙은 몸은 세계를 이해하는 방식이라고 말한다. 몸은 세계를 지각하고 상황을 파악한다. 우리 몸에는 세계에 대한 앎이 축적되어 있다. 몸에 축적된 앎은 이미 우리의 의식과 융합되어 있으며, 의식은 사이버공간에서의 행위에도 영향을 미친다. 우리의 의식은 상황이나 맥락과 분리된 순수한 의식이 아니라 이미 체현된 의식이기 때문이다.* 사이버공간의 행위는 이미 체현된 것으로, 물질적인 몸이 들어가지 못하는 것처럼 여겨지지만, 이미 체현된 앎, 의식과 융합되어 사이버공간에 몸이 들어와 있는 것이다. 그래서 사이버 몸은 정확히 말하면 물질적 몸과, 사이버공간에 들어와 있는 디지털 몸(전자적 가상 공간의 몸)의 융합이라고 할 수 있다. 우리는 물질적인 몸과 사이버 몸을 종합적으로 이해할 새로운 패러다임이 필요하다.

피지털 컨택트, 피지털 휴먼
물질적인 몸과 디지털 몸을 포함하여, 물질적인 것과

---

* 고미숙, 앞의 글, 33쪽 참조.

디지털적인 것 사이의 역동적인 물질화 과정을 보여줄 패러다임으로 '피지털phygital' 개념을 차용하고자 한다. 피지털은 physical과 digital의 합성어로, 물질적인 것과 디지털적인 것의 얽힘과 내부작용으로 새롭게 부상하는 사회적 관계와 세계를 지칭한다. 이 새로운 용어에 대한 아이디어는 바실리스 코스타키스Vasilis Kostakis에게서 얻었는데, 그는 피지털이란 '피지컬(물질적 생산)'과 '디지털(지식, 소프트웨어, 디자인, 문화 같은 비물질적 생산)'의 만남이 이루어지는 과정으로서, 디지털에 의해 강화되는 물질적 실재와 생산을 압축하면서 공유 지식의 유입이 어떻게 생산을 바꾸고 향상시키는지를 보여준다고 말한다.[*]

우리는 코로나 팬데믹 이후 비대면 즉, 디지털 대면이 물질적(신체적) 대면만큼, 혹은 그 이상으로 중요해진 비대면 시대에, 변화된 대면 양식과 그 양식에서 생산된 현상들을 이해하고 설명하는 새로운 패러다임이 필요하다. 나는 새롭게 부상하고 있는 대면 양식을 물질적 대면과 디지털 대면을 결합한 '피지털 컨택트phygital contact'라고 부르고자 한다. 물질적 대면과 디지털 대면은 서로 긴밀히 얽혀 피지털 컨택트라는 접촉 방식을 생산한다. 피지

[*] 기사 「Capital in the twenty-first century, and an alternative」 -〈openDemocracy〉 2017년 7월 28일 게재.

털 컨택트란 물질적 대면과 디지털 대면의 결합이 이루어지는 과정이며, 디지털 대면에 의해 강화되는 물질적 실재의 생산을 압축적으로 보여준다. 예를 들어 앞서 살펴본 팰컨 웹캠을 통해 송골매 가족을 지켜보던 사람들은 관찰하고 있는 송골매 가족과 서로에게, 그리고 함께 사는 이 도시에 강하고 지속적인 애착을 느끼면서 '도시의 송골매 공동체'를 형성한다.

피지털 컨택트는 기존의 이해, 즉 물질적 대면은 현실이므로 중요하고 디지털 대면은 물질적 대면을 단순 보조·확장한다는 이해를 의미하지 않는다. 두 가지 대면의 단순한 기계적 결합이 아니라, 디지털로 대면하는 과정에 물질적 대면이 마치 러시아 인형 마트료시카처럼 포함되어 있음을, 그리고 디지털 대면과 물질적 대면이라는 불연속적인 차원이 뫼비우스의 띠처럼 연속적으로 결합되어 있음을 의미한다. 피지털 컨택트는 동등하지만 이질적인 두 가지 대면의 하이브리드적 얽힘에 의해 새롭게 출현하는 현상을 가리킨다.

물질적 현실세계도 디지털 가상세계도 모두 실재하는 현실이다. 가상은 가짜가 아니다. 이제 현실과 가상의 경계는 무너지고 있으며, 정확히 구분되지도 않는다. 그래서 나는 물질적 현실과 디지털 현실의 얽힘과 내부작용에 의해 출현한 현실을 '피지털 현실', 물질적 몸과 디지털

(사이버) 몸의 얽힘과 내부작용으로 출현하는 몸을 '피지털 몸'이라고 부르고자 한다. 코로나 이후 신체의 직접 접촉에 의한 친밀성의 대안으로 디지털 대면을 통한 디지털 친밀성이 중요해졌다. 그런데 디지털 접촉이 그 안에 물질적 접촉을 내포하고 있듯이, 디지털 친밀성 또한 신체적 친밀성과 긴밀히 연관된다. 그래서 피지털 컨택트에 의해 새롭게 부상하는 친밀성의 방식을 '피지털 친밀성phygital intimacy'이라고 부르고자 한다. 피지털 컨택트, 피지털 현실, 피지털 몸, 피지털 친밀성라는 새로운 개념은 물질과 정신, 기계와 인간, 자연과 문화, 현실과 가상, 아날로그와 디지털, 진짜와 가짜라는 데카르트적 이분법을 뛰어넘는 것이자 그들간의 차이와 관계를 탐색하는 것이다.

　　로지 브라이도티는 《변신》에서 기술은 일종의 도전이며, 우리 자신에게 자신을 재창조하는 창의성을 보여줄 수 있는 기회이기도 하다고 말한다. 그는 기술은 인간을 도와야 한다고 강조한다. 그리고 '우리는 무엇인가?'가 아니라 '우리는 누가 되고 싶은가?'라는 질문이 중요하며, 우리의 성취를 위해 '기술 문화가 우리를 어떻게 도와줄 수 있는가'를 물어야 한다고 말한다.[*] 나 또한 브라이도티를 따라, 코로나 팬데믹 시대에 가속화된 디지털 신기술을 통

[*]　　로지 브라이도티, 앞의 책, 484쪽 참조.

해 우리 자신을 재발명·변형할 기회가 우리에게 주어지게 되었으며, 기술이 어떻게 체현된 주체를 강화하게 할 것인가에 집중해야 한다고 본다.

디지털 신기술은 신체를 폐기하거나 대체하는 것과는 거리가 멀고, 인간과 기계(로봇, 인공지능) 모두의 물질적 구조를 강화한다. 현대 인류는 피지털 컨택트로 창발된 피지털 몸을 특징으로 가지면서 전통적인 인간 개념의 경계를 벗어나고 있다. 이처럼 혼종적이고 유동적이며 중층적인 인류를 올바로 이해하고 규명하기 위해서는 근대적 휴머니즘을 넘어서는 새로운 이해의 틀이 요구된다. 피지털 몸은 인간 존재의 의미에 대해 새로운 정의를 내릴 것을 요청한다. 인간과 디지털 기술의 결합으로 생겨난 피지털 몸은 자연과 문화의 분리, 인간과 기계의 분리, 디지털 세계와 현실세계의 분리가 무의미함을 나타내면서, 근대(모더니즘) 이분법의 경계를 와해시킨다.

나는 피지털 몸으로 변신하여 새로운 가능성과 괴물 같은 힘을 보여주는 이 새로운 인류, 포스트휴먼, 피지털휴먼을 '괴물 같은 인류', 즉 '호모 몬스터쿠스homo monstercus'라고 부른다. 피지털 현실을 창조하고 피지털 컨택트로 관계하면서 피지털 몸을 만들어 생활하는 삶형태로 진화한 현대 인류는 아날로그와 디지털의 하이브리드이자 괴물, 곧 호모 몬스터쿠스다. 전통적 개념의 정화된 인류는 이제 생각하지 마라. 순수한 아날로그 인간은 환상이며 향수다. 인간은 항상 변형·변신하는 존재며, 코로나 팬데믹 이후 등장한 피지털 휴먼, 호모 몬스터쿠스는 이를 잘 보여준다.

디지털 문명이 우리에게 해줄 수 있는 것이 무엇인지 우리는 아직 모른다. 디지털 문명이 해낼 수 있으나 우리는 상상조차 하지 못할 대단한 것들이 있을지도 모른다. 말을 대신하는 글의 도입에 반대했던 플라톤은 글 덕분에 원거리 계약이라는 새로운 방식과 문화적 기적을 얻게 되리라는 것을 예견하지 못했다.* 말 없는 마차인 자동차가 등장했을 때, 우리는 이것이 경제와 정보의 민주화에 막대한 영향을 끼치고 우리의 삶을 이전보다 훨씬 풍요롭고 자유롭게 할지 상상조차 못 했다.

디지털 문명은 우리의 운명이다. 탈신체화라는 단점 때문에 무시되거나 폄하될 필요는 없다. 포용하여 피지털 문명을 이루면 된다. 비대면 회의나 수업에서 피지털 몸으로 만났을 때 사람들 사이의 소통이 더욱 생동적이 될 때가 많다. 온라인 공개수업 플랫폼인 MOOCMassive Open Online Course는 나이, 거리, 상황, 계급에 의해 분리된 모든 사람들이 피지털 몸을 통해 세계 최고의 학자들로부터 배울 수 있는 기회를 제공한다. 그리하여 물질과 자본의

---

*   휴버트 드레이퍼스, 앞의 책, 123~124쪽 참조.

수렁에 빠져 관념의 세계에 소원해진 현대인들의 정신에 다시 활기를 불어넣고 있다. 불모의 행성을 탐험하는 우주선이 지구에 묶여 있는 수백만 명의 원격 관람자를 싣고 원거리 행성을 탐사할 수 있어서, 우리의 감각과 능동적 개입은 먼 우주까지 확장된다. 메타버스 공간에서의 사회적 유대와 연대는 한시적이고 느슨하지만, 전혀 모르던 사람들이 친밀감을 느끼고 공감하면서 현실세계에서 집단행동을 유발하는 동인이 된다. 그리하여 현실 공동체에 실질적인 영향을 미친다. 탈신체화 우려가 있지만 이런 것들은 디지털 몸, 디지털 문명 없이는 불가능하다.

다만 드레이퍼스의 말처럼 우리가 상기해야 할 것은 이미 우리의 문화가 두 번 퇴락한 적이 있다는 사실이다. 첫 번째는 플라톤적으로, 그다음은 기독교적으로 우리의 취약한 신체를 제거하려는 시도였다. 그는 이 시도의 종착점은 허무주의라고 말한다.* 이번에는 이러한 유혹에 저항해야 한다. 현실세계는 디지털 세계에 단순히 몸을 대주는 세계가 아니다. 그 이상이자 모든 것이다. 신체가 없다면 우리는 문자 그대로 아무것도 아니다. 물질적 세계가 무너진다면 디지털 세계도 없다. 둘은 한 몸인 피지털 세계를 구성한다.

가속화된 비대면 사회가 우리에게 보여준 것은 '개

---

* 휴버트 드레이퍼스, 앞의 책, 143~144쪽 참조.

별적이지만 함께individually, but together'를 구현하는 새로운 삶형태다. 비대면 소통과 연결을 가능하게 하는 기술과 기계들 즉, 인터넷, 스마트폰, SNS, 스마트 글래스 등은 가상성(잠재성)을 현실화(현행화)하는 변환transduction 매체다.* 인류를 개체초월적transindividual으로 집단화하여 현실화시키는 변환 매체들의 역량에 의해, 새로운 인간 실재가 창조되고 삶의 형태가 바뀐다. 인간의 존재론적 도약은 '개체초월적 인간-기계 앙상블transindividual human-machine ensemble'을 통해 가능하다.

인터넷, 스마트폰, SNS는 인간 사이의 단순한 매개를 넘어서서, 인간 개체들의 공통된 열망을 개체초월적으로 실현하여 2010년 튀니지의 재스민 혁명Jasmine Revolution**을 불러왔다. 개체상호적인 관계가 사회의 분리된 개인들 사이의 유대 관계인 반면, 개체초월적인 관계는 분리된 개체들 사이에 정서적 공감으로 내적 공명을 이루는 집단성을 의미한다. 비대면 기술들의 발명은 불일치

---

*   질베르 시몽동, 김재희 옮김, 《기술적 대상들의 존재양식에 대하여》, 그린비, 2011 참조.

**   튀니지 독재정권에 저항하여 시민들이 일으킨 반정부 시위로, 이는 이집트와 리비아 등 다른 국가로도 확산되었고 이집트의 무바라크 독재 정권을 무너뜨리는 데 크게 기여했다. 혁명의 과정에서 SNS를 비롯한 인터넷 미디어가 큰 활약을 했다고 평가된다.

하는 인간 개체들이 가상성(잠재성)을 발견하고 그것에 참여하게 하여 집단적인 공감, 무의식적 연대 등 개체초월성을 경험하게 한다. 그리하여 인간은 상호적인 개체로부터 개체초월적인 주체 즉, 새로운 유형의 집단으로 변화할 수 있다. 인간이 비대면 디지털 기술과 상호협력하면 기존의 사회질서와는 전혀 다른 차원의 인간 존재, 포스트휴먼으로 '상전이phase transition'할 수 있다.* 개체의 시대가 아닌 앙상블의 시대가 도래할 수 있다.

'개별적이지만 함께'인 개체초월적 인간-기계 앙상블을 더 밀고 나가보자. 각자의 방에서 각자의 가상세계에 존재하므로, 하나의 현실세계를 변혁시키기 위한 공론장이 사라질 것을 우려하는 목소리들이 있다. 비대면 사회에서 적응을 위장한 나르시시즘에 중독되어가는 인류는 이전처럼 사회 정의를 위한 사회운동에 전념할 수 없을 것처럼 보이기도 한다. 하지만 브라이도티처럼 기술애호적이며 (극도로) 희망적인 나는 다른 꿈을 꾼다. 디지털 사회로의 이행은 나에게 개체초월적 공동체, P2P 기반의 디지털 커먼즈commons에 주목하고 그것을 상상하게 만든다. 커먼즈 연구자인 데이비드 볼리어David Bolier에 따르면 커먼즈란 공유된 자원, 공동체, 자원을 관리하고 공동체를 운영

* 질베르 시몽동, 앞의 책, 228쪽 참조.

하기 위한 규약들을 모두 합한 사회 체계다. 피지털 커먼즈는 피지털 세계에 기반한 커먼즈 구축을 목표로 한다.

피지털 커먼즈를 실험하는 선도적인 일군의 연구자들이 있다.《현실을 설계하기Designing Reality》의 저자들(닐 거센펠드Neil Gershenfeld, 앨런 거센펠드Alan Gershenfeld, 조엘 쿠처 거센펠드Joel Cutcher-Gershenfeld)에 따르면 3차 디지털 혁명에서는 물질세계가 구성되는 방식 자체가 근본적으로 바뀐다. 그들에 따르면 지난 반세기에 걸쳐 두 번의 디지털 혁명이 일어났다. 1차 디지털 혁명은 통신 분야에서 일어났으며 아날로그 전화에서 인터넷으로의 이행을 가져왔다. 2차 디지털 혁명은 컴퓨팅 분야에서 일어났으며 우리에게 개인용 컴퓨터와 스마트폰을 가져다주었다. 그다음 3차 디지털 혁명은 1·2차 혁명을 완성하는 것으로, 비트를 기반으로 한 가상세계의 프로그램화 가능성을 원자로 이루어진 물질세계로 가져오는 것이다. 3차 디지털 혁명은 제작의 디지털화를 이루었는데, 이는 특정 재화에 대한 수요가 생길 때마다 언제 어디서든 개인과 공동체가 제품을 생산·공유할 수 있도록 만드는 개별 제작에 대한 전망을 보여준다.[*]

[*] Neil Gershenfeld·Alan Gershenfeld·Joel Cutcher-Gershenfeld, 《Designing Reality: How to Survive and Thrive in the Third Digital Revolution》, New Basic Books, 2018, pp.15~19.

그들은 제품의 디자인은 전 지구적으로 공급받지만 제작은 지역에서 하는 방식이 보편화될 것이며, 이러한 방식으로 개인과 공동체가 옷, 가구, 장난감, 컴퓨터, 심지어 자동차나 주택까지도 제작하게 될 것이라고 전망한다.[*] 이제까지 물건을 제작·유통·판매하는 일련의 과정은 기업이 할 수 있는 일이었다. 그러나 소프트웨어 코드를 누구나 사용하도록 공개 배포하고, 디지털 도구와 장비를 공유하고 관리해서 필요한 것을 직접 만든다면, 물건의 제작·유통·판매라는 일련의 과정을 독점하던 기업의 성역은 무너질 것이다. 필요한 의식주를 스스로 만드는 우리는 이제 '메이커maker'가 된다. 데일 도허티Dale Dougherty가 만든 'maker(제작자)'라는 용어는, 새로이 출현하는 팹랩Fab lab에 있는 도구들을 사용하여 컴퓨팅을 제작과 연결시키는 마니아들의 공동체를 지칭한다. 팹랩은 제작fabrication을 위한 실험실로, MIT의 '비트 및 원자 센터Center for Bits and Atoms, CBA'의 지역사회봉사 프로젝트로 시작되었다.[**] 이제 개인은 '1인 기업'으로 활동할 수도 있다. 이처럼 피지털 커먼즈 구축에서는 사회적 체계와 기

---

[*]   Neil Gershenfeld·Alan Gershenfeld·Joel Cutcher-Gershenfeld, ibid, p.23.

[**]   Neil Gershenfeld·Alan Gershenfeld·Joel Cutcher-Gershenfeld, ibid, pp.44~51.

술적 체계가 함께 진화한다. 만약 디지털 제작이 민주화되고 비트를 통해 원자를 능란하게 다뤄 삶을 향상시킬 수 있다면, 우리는 말 그대로 상상을 현실로 설계할 수 있을 것이다.[*]

현대는 그 어느 때보다 '사회적 생산'이 확대되는 사회다. 공통적인 영역이 확대되고 있음에도, 모든 재화가 사적소유의 대상인 사회다. 이처럼 불일치한 현대 문명이 인류 역사에서 차지하는 시간이 극히 짧고 예외적이지만, 현대를 사는 우리에게는 자본과 사적소유가 마치 숨쉬는 공기처럼 익숙하기 때문에 자본과 국가 외부를 상상하기란 힘들다. 그러나 전통적인 커먼즈가 존재했고, 이는 오늘날 P2P 기반의 테크놀로지 덕분에 다시 태어났으며, 전 지구적 수준으로 그 규모가 확대되고 있다.

영문학자이자 정치철학자인 정남영에 따르면 전통적 커먼즈는 규모에 제한이 있기 때문에 커먼즈 패러다임이 일반화되기는 힘들다는 비판이 있었는데, P2P 기반의 테크놀로지를 기반으로 한 디지털 커먼즈의 등장(커먼즈의 재탄생)은 이 비판을 무력화시킨다. 이후 커먼즈 운동은 온-오프라인을 가로지르면서 일어나는, 가장 오래된

---

[*]   Neil Gershenfeld·Alan Gershenfeld·Joel Cutcher-Gershenfeld, ibid, p.40.

것과 가장 새로운 것이 결합한 운동이 되고 있으며, 이것이 바로 '커먼즈 전회a commons turn', 디지털 커먼즈의 등장이다.* 나는 온-오프라인을 가로지르는 '디지털 커먼즈'의 의미를 적확하게 부각시키기 위해서, '디지털 커먼즈' 대신 '피지털 커먼즈'라고 부른다. 그리하여 볼리어의 커먼즈 정의를 따라 피지털 커먼즈란 피지털 현실(세계)에서 공유된 자원, 공동체, 자원을 관리하고 공동체를 운영하기 위한 규약들을 모두 합한 사회 체계를 의미한다.

P2P 기반의 디지털 기술을 바탕으로 둔 공유사회, 피지털 커먼즈는 직접적이고 빠르고 풍성하고 끊임없이 커뮤니케이션하여 고도로 조직화된 공동체를 이루면서, 인류의 집단적·사회적 부를 공유한다. 그래서 피지털 커먼즈는 자본과 사적소유의 외부를 과감히 상상하게 만들며, '월드 와이드 웹'을 넘어서는 '월드 와이드 마인드'를 시사한다. 이것은 우리가 기존에 생각하는 상호 개인적인 협력이나 공동체적 통합, 전체주의, 위계적이고 강압적인 유형의 사회적 관계들과는 다른 새로운 집단성이다. 디지털 기술에 기반을 둔 사회적 생산과 공유 속에서 인류는 사랑하고 협력할 수 있다.

---

*   정남영, 「대안 근대로의 이행과 커먼즈 운동」, 한국비평이론학회 2017년 봄 학술대회(2017. 5. 20) 발표문 참조.

피지털 커먼즈로의 전환은 팬데믹 시대에 생존하는 일인 동시에 새로운 형태의 삶을 사는 일이다. 이에 대한 우려와 불안과 공포는 현대의 심각한 문화지체(뛰는 과학, 제자리 인간)에서 연유한다. 물론 피지털 커먼즈 논의는 말은 쉽지만 실제 실현하기는 힘들 것이다. 거의 불가능하다고 생각할지도 모르겠다. 하지만 우리는 코로나 팬데믹으로 혁명에 가까운 엄청난 변혁이 의외로 쉽게 가능하다는 것을 직접 경험하지 않았나? 가능한 것들이 쓸모없어지고 바닥난 인류세에, 불가능한 것들을 꿈꾸고 시도해야 할 때다.

나가며 개와 늑대의 시간

우리는 코로나 팬데믹을 계기로 지금 엄청난 변화의 시대, 서서히 벌어지고 있던 변화들이 가속되는 초가속 Hyper-Acceleration의 시대에 서 있다. 우리는 지금 애스시인들의 꿈시간과 세계시간의 경계에 서 있다. 따라서 그들처럼 '느리고 깊이 있게 큰 꿈들'을 꾸고 그 꿈들을 통해 알게 된 일들을 행해야 할 시간이다. 꿈과 불가능을 추구할 아주 매력적인 시간이다. 《아주 오래된 농담》에서 현금은 해가 지고 사물의 윤곽이 흐려질 무렵인 '개와 늑대의 시간'을 뒤집어서 낯설고 적대적이던 것들이 거짓말처럼 부드럽고 친숙해지는 시간이라고 말한다. 나는 대변혁의 시대, 초가속의 시대인 지금이 불가능해 보였던 것들이 만만하고 친숙하고 합리적으로 보이는 시간, 개와 늑대의 시간으로 보인다. 꿈과 현실의 경계, 아날로그와 디지털의 경계, 휴먼과 포스트휴먼의 경계. 개와 늑대의 시간에는 불가능한 것을 행하는 것이 우리가 할 수 있는 가장 합리적인 일일 것이다.

삶의 진실은 잉골드의 말처럼 실제 경험과 상상의 조화 속에, 르 귄의 말처럼 이성과 꿈의 섬세한 평형 속에 존재한다. 나는 이들의 통찰을 '삶의 진실, 곧 실재는 물질적인 것과 디지털적인 것, 현실과 가상의 얽힘과 조화, 피지털 속에 존재한다'고 다시 읽는다. 조화와 평형은 말은 쉬우나 실현하기는 무척 어려울 것이다. 아시모프와 포스터의 두 소설은 그것이 쉽지 않음을 잘 보여준다. 그러나 인간의 유의미한 삶과 관련하여, 중요한 것은 현행성actuality·가능성possibility·잠재성virtuality의 차이와 반복을 그리는 원환이다. 디지털 대항해의 시대에 이 원환을 그리는 건강한 문명을 나는 피지털 문명이라고 부른다. 물질적 몸으로 할 수 없는 것과 디지털 몸으로 할 수 없는 것을 동시에 할 수 있는 피지털 몸, 피지털 세계의 아름다운 사례들을 만드는 것이 앞으로 우리들의 과제다. 우리의 신체를 긍정하면서, 디지털 문명의 장점들을 활용한다면 우리에게 필요한 피지털 문명을 만들 수 있다.

성공한 사람들의 공통점은 근성, 행운, 재능, 위험을 감수하는 대담성일 것이다. 여기서 성공의 의미는 근대적 생산이나 경제를 가리키는 것이 아니라 삶의 의미와 보람 측면에서의 성취와 발전을 의미한다. 육체적 현전을 통해 위험을 감수하는 대담성, 몰입, 죽음의 공포로부터 삶의 진실을 발견할 수 있음을 잊지 말되, 디지털 기술을 발전시킨 우리의 근성과 재능에 자부심을 갖고, 피지털 문명의 여명기를 목도한 우리의 행운을 축하하면서, 변화의 가능성과 힘을 대담하게 즐기자. 육체와 땅에 두 발을 굳건히 디디고 디지털 세계를 넘나들면서 피지털 세계를 향유하자.

로지 브라이도티Rosi Braidotti (1954~)

이탈리아 출신의 페미니스트 철학자. 스피노자, 들뢰즈,
이리가레의 통찰에 기반한 신유물론 입장에서 유목적
주체 이론, 되기 이론, 비판적 포스트휴머니즘, 긍정의
정치학을 제시한다. 대표 저서로《유목적 주체Nomadic
Subjects》(1994),《변신Metamorphoses》(2002), 비판적
포스트휴머니즘 3부작인《포스트휴먼The Posthuman》(2013),
《포스트휴먼 지식Posthuman Knowledge》(2019),《포스트휴먼
페미니즘Posthuman Feminism》(2022)이 있다. 특히
《변신》에서는 되기의 욕망을 탐색하고 새로운 형상화를
모색한다.

프란스 드 발Frans de Waal (1948~)

네덜란드 출신의 세계적인 영장류학자. 첫 번째 저작 《침팬지
폴리틱스Chimpanzee Politics》(1982)에서 당시 '영혼 없는'
실험 객체로 취급받던 침팬지와 그 사회에도 인간과 같은
마키아벨리적 권력 투쟁이 있음을 알려 큰 명성을 얻었다.
그 후 《보노보Bonobo》(1997), 《내 안의 유인원Our Inner
Ape》(2005) 등 최근의 《동물의 감정에 관한 생각Mama's Last
Hug》(2019)까지 인간과 동물(특히 영장류) 사이의 진화적
연속성을 보여주는 저작을 펴내고 있다.
특히 《공감의 시대The Age of Empathy》(2009년)에서는
영장류를 비롯한 수많은 동물에게서 관찰되는 여러 가지
'공감'이 진화적으로 뿌리가 깊은 동물적 본능임을 밝혀 인간
본성을 잘 이해할 수 있도록 한다.

E. M. 포스터E. M. Forster (1879~1970)

20세기 초 영국 문단을 대표하는 작가. 영국 사회의 모순과
한계를 파헤친 진보적인 작가로 평해지는 포스터는 낭만적인
열정과 인습의 충돌을 주로 다루는 6편의 소설과 다수의
단편을 발표하였다. 버지니아 울프 등과 함께 블룸즈버리
그룹의 일원으로도 활약하였다. 페이비언 사회주의자로서
중년 이후에는 소설 집필을 중단하고 사회 활동에 전념하였다.
1907년 첫 장편소설 《천사들도 발 딛기 두려워하는 곳Where
Angels Fear to Tread》(1905)을 발표한 이후, 《기나긴 여행The
Longest Journey》(1907), 《전망 좋은 방A Room with a
View》(1908), 《하워즈 엔드Howards End》(1910)를 연이어
내놓아 큰 호평을 받았다. 이후 1924년 대표작 《인도로
가는 길A Passage to India》을 발표하였고, 사후인 1971년에
《모리스Maurice》가 출간되었다. 그의 주요 장편소설들은
대부분 영화화되었다.

아이작 아시모프Isaac Asimov (1920~1992)

보스턴 대학교에서 생화학 교수를 역임하기도 했지만,
SF소설의 거장으로 더 알려진 러시아 태생의 미국 작가.
대표작으로 총 7편으로 이루어진 《파운데이션Foundation》
시리즈, 《강철 도시The Caves of Steel》, 《벌거벗은 태양The Naked
Sun》, 《여명의 로봇The Robots of Dawn》으로 이루어진 《로봇》
시리즈, 《은하제국》 시리즈 등의 소설과 다수의 과학 에세이가
있다. 1942년 단편 《런어라운드Runaround》에서 유명한 '로봇
3원칙Three Laws of Robotics' 개념을 제시했는데, 내용은 다음과
같다. "첫째, 로봇은 인간에게 위해를 가할 수 없으며, 인간이
위험한 상황에 부닥쳤을 때 방관해서도 안 된다. 둘째, 첫 번째
원칙에 위배되지 않는 한 로봇은 인간의 명령에 복종해야 한다.
셋째, 첫 번째와 두 번째 원칙을 위배하지 않는 선에서 로봇은
자신의 존재를 보호해야 한다." 이러한 '로봇의 3원칙'은
오늘날 로봇과 인공지능의 윤리에 커다란 영향을 주었다.

참고문헌

김용섭, 《언컨택트: 더 많은 연결을 위한 새로운 시대 진화 코드》, 퍼블리온, 2020.

김상균, 《메타버스: 디지털 지구, 뜨는 것들의 세상》, 플랜비디자인, 2020.

닐 스티븐슨, 《스노 크래시》, 남명성 옮김, 문학세계사, 2021.

다이애나 E. H. 러셀·질 래드퍼드 엮음, 《페미사이드: 여성혐오 살해의 모든 것》, 전경훈 옮김, 책세상, 2018.

로빈 던바, 《던바의 수》, 김정희 옮김, 아르테, 2018.

로지 브라이도티, 《변신: 되기의 유물론을 향해》, 김은주 옮김, 꿈꾼문고, 2020.

박완서, 《아주 오래된 농담》, 세계사, 2012.

브루스 매즐리시, 《네번째 불연속: 인간과 기계의 공진화》, 김희봉 옮김, 사이언스북스, 2001.

스콧 갤러웨이, 《플랫폼 제국의 미래》, 이경식 옮김, 비즈니스북스, 2018.

스테이시 앨러이모, 《말, 살, 흙: 페미니즘과 환경정의》, 윤준·김종갑 옮김, 그린비, 2018.

앤드루 맥아피·에릭 브린욜프슨, 《머신 플랫폼 크라우드》,
이한음 옮김, 청림출판, 2018.

어슐러 K. 르 귄, 《세상을 가리키는 말은 숲이다》, 최준영 옮김,
황금가지, 2012.

에두아르도 콘, 《숲은 생각한다》, 차은정 옮김, 사월의책, 2018.

윌리엄 깁슨, 《뉴로맨서》, 김창규 옮김, 황금가지, 2005.

장대익, 《울트라 소셜》, 휴머니스트, 2017.

존 브록만 엮음, 《위험한 생각들》, 이영기 옮김, 갤리온, 2007.

질베르 시몽동, 《기술적 대상들의 존재양식에 대하여》, 김재희
옮김, 그린비, 2011 참조.

프란스 드 발, 《공감의 시대》, 최재천·안재하 옮김, 김영사,
2017.

프란시스코 바렐라 외, 《몸의 인지과학》, 석봉래 옮김, 김영사,
2013.

헬렌 맥도널드, 《팰컨》, 김혜연 옮김, 경향미디어, 2017.

휴버트 드레이퍼스, 《인터넷의 철학》, 최일만 옮김, 필로소픽,
2015.

Asimov, Isaac, 《The Naked Sun》, Random House Publishing Group, 2011.

Barad, Karen, 《Meeting the Universe Halfway: Quantum Physics and the Entanglement of Matter and Meaning》, Duke UP, 2007.

Bennett, Jane, 《Vibrant Matter: A Political Ecology of Things》, Duke UP, 2010, ch. ⅩⅧ.

Bridle, James, 《New Dark Age: Technology and the End of the Future》, Verso, 2018.

Foster, E. M., 《The Machine Stops》, Open Road Integrated Media, 2018.

Gershenfeld, Neil · Gershenfeld, Alan · Cutcher-Gershenfeld, Joel, 《Designing Reality: How to Survive and Thrive in the Third Digital Revolution》, New Basic Books, 2018.

Grear, Anna · David Bollier, 《The Great Awakening: New Modes of Life amidst Capitalist Ruins》, Punctum Books, 2020.

Haraway, Donna, 《Staying with the trouble : making kin in

the Chthulucene», Duke University Press, 2016.

――, «Manifestly Haraway», U of Minnesota P, 2016.

Weber, Andreas, «Enlivenment: Toward a Poetics for the Anthropocene», MIT P, 2019.

Stengers, Isabelle, «In Catastrophic Times: Resisting the Coming Barbarism», Tr. Andrew Goffey, Open Humanities, 2015.

Young, Simon, «Designer Evolution: A Transhumanist Manifesto», Prometheus, 2005.

배반인문학

비대면

1판 1쇄 발행 2022년 10월 27일

지은이 · 주기화
펴낸이 · 주연선

(주)은행나무
04035 서울특별시 마포구 양화로11길 54
전화 · 02)3143-0651~3 | 팩스 · 02)3143-0654
신고번호 · 제 1997―000168호(1997. 12. 12)
www.ehbook.co.kr
ehbook@ehbook.co.kr

ISBN 979-11-6737-231-4 (04100)
ISBN 979-11-6737-005-1 (세트)